西方古典学研究
编辑委员会

主　编：黄　洋　（复旦大学）
　　　　高峰枫　（北京大学）

编　委：陈　恒　（上海师范大学）
　　　　李　猛　（北京大学）
　　　　刘津瑜　（美国德堡大学）
　　　　刘　玮　（中国人民大学）
　　　　穆启乐　（Fritz-Heiner Mutschler，德国德累斯顿大学）
　　　　彭小瑜　（北京大学）
　　　　吴　飞　（北京大学）
　　　　吴天岳　（北京大学）
　　　　徐向东　（浙江大学）
　　　　薛　军　（北京大学）
　　　　晏绍祥　（首都师范大学）
　　　　岳秀坤　（首都师范大学）
　　　　张　强　（东北师范大学）
　　　　张　巍　（复旦大学）

——西方古典学研究

An Introduction to Plotinus' Philosophy

普罗提诺哲学导论

Luc Brisson
[法]吕克·布里松 著
陈宁馨 译　刘玮 编校

北京大学出版社
PEKING UNIVERSITY PRESS

著作权合同登记号 图字：01-2021-4213

图书在版编目（CIP）数据

普罗提诺哲学导论 /（法）吕克·布里松著；陈宁馨译. —北京：北京大学出版社，2021.7

（西方古典学研究）

ISBN 978-7-301-32303-8

Ⅰ.①普… Ⅱ.①吕… ②陈… Ⅲ.①普罗提诺（Plotinos 约204—270）–哲学思想–研究 Ⅳ.① B502.44

中国版本图书馆 CIP 数据核字（2021）第 131918 号

An Introduction to Plotinus' Philosophy
© 2021 by Luc Brisson
Simplified Chinese Edition © 2021 Peking University Press
All Rights Reserved.

书　　　名	普罗提诺哲学导论 PULUOTINUO ZHEXUE DAOLUN
著作责任者	[法]吕克·布里松（Luc Brisson）著　陈宁馨译　刘　玮编校
责任编辑	田　炜
标准书号	ISBN 978-7-301-32303-8
出版发行	北京大学出版社
地　　址	北京市海淀区成府路205号　100871
网　　址	http://www.pup.cn 新浪微博：@北京大学出版社
电子信箱	pkuwsz@126.com
电　　话	邮购部 010-62752015　发行部 010-62750672　编辑部 010-62750577
印　刷　者	北京中科印刷有限公司
经　销　者	新华书店
	730 毫米 ×1020 毫米　16 开本　15.25 印张　156 千字 2021 年 7 月第 1 版　2021 年 7 月第 1 次印刷
定　　价	48.00 元

未经许可，不得以任何方式复制或抄袭本书之部分或全部内容。
版权所有，侵权必究
举报电话：010-62752024　电子信箱：fd@pup.pku.edu.cn
图书如有印装质量问题，请与出版部联系，电话：010-62756370

"西方古典学研究"总序

古典学是西方一门具有悠久传统的学问,初时是以学习和通晓古希腊文和拉丁文为基础,研读和整理古代希腊拉丁文献,阐发其大意。18世纪中后期以来,古典教育成为西方人文教育的核心,古典学逐渐发展成为以多学科的视野和方法全面而深入研究希腊罗马文明的一个现代学科,也是西方知识体系中必不可少的基础人文学科。

在我国,明末即有士人与来华传教士陆续译介希腊拉丁文献,传播西方古典知识。进入20世纪,梁启超、周作人等不遗余力地介绍希腊文明,希冀以希腊之精神改造我们的国民性。鲁迅亦曾撰《斯巴达之魂》,以此呼唤中国的武士精神。20世纪40年代,陈康开创了我国的希腊哲学研究,发出欲使欧美学者以不通汉语为憾的豪言壮语。晚年周作人专事希腊文学译介,罗念生一生献身希腊文学翻译。更晚近,张竹明和王焕生亦致力于希腊和拉丁文学译介。就国内学科分化来看,古典知识基本被分割在文学、历史、哲学这些传统学科之中。20世纪80年代初,我国世界古代史学科的开创者日知(林志纯)先生始倡建立古典学学科。时至今日,古典学作为一门学问已渐为学界所识,其在西学和人文研究中的地位日益凸显。在此背景之下,我们编辑出版这套"西方古典学研究"丛书,希冀它成为古典学学习者和研究者的一个知识与精神的园地。"古典学"一词在西文中固无歧义，但在中文中可包含多重意思。丛书取"西方古典学"之名，是为避免中文语境中的歧义。

收入本丛书的著述大体包括以下几类：一是我国学者的研究成果。近年来国内开始出现一批严肃的西方古典学研究者，尤其是立志于从事西方古典学研究的青年学子。他们具有国际学术视野，其研究往往大胆而独具见解，代表了我国西方古典学研究的前沿水平和发展方向。二是国外学者的研究论著。我们选择翻译出版在一些重要领域或是重要问题上反映国外最新研究取向的论著，希望为国内研究者和学习者提供一定的指引。三是西方古典学研习者亟需的书籍，包括一些工具书和部分不常见的英译西方古典文献汇编。对这类书，我们采取影印原著的方式予以出版。四是关系到西方古典学学科基础建设的著述，尤其是西方古典文献的汉文译注。收入这类的著述要求直接从古希腊文和拉丁文原文译出，且译者要有研究基础，在翻译的同时做研究性评注。这是一项长远的事业，非经几代人的努力不能见成效，但又是亟需的学术积累。我们希望能从细小处着手，为这一项事业添砖加瓦。无论哪一类著述，我们在收入时都将以学术品质为要，倡导严谨、踏实、审慎的学风。

我们希望，这套丛书能够引领读者走进古希腊罗马文明的世界，也盼望西方古典学研习者共同关心、浇灌这片精神的园地，使之呈现常绿的景色。

"西方古典学研究"编委会

2013 年 7 月

目　录

编校者前言　　　　　　　　　　　　　　　　I
致　谢　　　　　　　　　　　　　　　　　　V

第一章　普罗提诺的生平、著作与学说　　　1
　　一、普罗提诺的生平　　　　　　　　　　1
　　二、波斐利对《九章集》的编辑　　　　　6
　　三、普罗提诺的语言风格　　　　　　　　8
　　四、普罗提诺的论证方法　　　　　　　　10
　　五、普罗提诺的学说　　　　　　　　　　14

第二章　普罗提诺论自然　　　　　　　　　26
　　一、柏拉图论世界的创造　　　　　　　　26
　　二、普罗提诺论世界的创造　　　　　　　34

第三章　普罗提诺论灵魂　　　　　　　　　57
　　一、普遍的灵魂　　　　　　　　　　　　57
　　二、人类的灵魂　　　　　　　　　　　　60
　　三、同一性与记忆　　　　　　　　　　　77

第四章	普罗提诺论身体中的灵魂：以愤怒为例	89
	一、柏拉图	89
	二、普罗提诺	94

第五章	普罗提诺的德性等级学说：波斐利的阐释与遗产	108
	一、柏拉图	109
	二、亚里士多德	110
	三、斯多亚学派	112
	四、普罗提诺	115
	五、波斐利	117
	六、扬布里柯、普罗克洛斯和达玛斯基乌斯	132
	七、马利努斯与奥林匹奥多洛斯	134
	八、普塞鲁斯与东方，马克洛比乌斯与西方	137

第六章	普罗提诺论"恶"的问题	139
	一、普遍意义上的恶	140
	二、人类之恶	151

第七章	我们可以讨论普罗提诺的神秘主义吗？	166
	一、*mustikos* 在古希腊语中的含义	167
	二、普罗提诺和波斐利经历的灵魂与第一本原的合一	172
	三、这种合一可以被界定为"神秘的"吗？	181

结　语　195

参考文献　197

附录　柏拉图论嫉羡　202

编校者前言

生活在公元三世纪的普罗提诺是古希腊哲学的最后一位大师，他唯一的著作《九章集》堪称绵延一千多年的古代哲学传统里的最后一部杰作。他开创的所谓"新柏拉图主义"（这个词并非普罗提诺自己所用，而是19世纪哲学史家的发明），不仅直接继承了柏拉图哲学的精髓，而且兼收并蓄了亚里士多德主义、斯多亚主义，以及当时的天文学、医学、宗教思想等多种传统。普罗提诺用所有这些思想资源来重新解读柏拉图，形成了自己独特的思想体系，构造了古代哲学里最复杂的思想系统。思想资源的庞杂、理论体系的庞大，再加上语言的晦涩难解，这些加在一起，让普罗提诺成为古希腊哲学家中最难理解的人物之一。所以自从2011年设立"古希腊哲学名师讲座系列"开始，我就一直希望能够邀请一位普罗提诺研究领域的顶尖学者，给中国听众带来一次关于普罗提诺的盛宴。

在当代普罗提诺和新柏拉图主义研究中，法国一直处于中心地位（一个重要的原因当然是法国强大的天主教传统，以及天主教传统与新柏拉图主义哲学的密切联系），涌现出了像埃米尔·布雷伊埃（Émile Bréhier）、安德雷-让·菲斯图基埃尔（André-Jean Festugière）、让·特鲁亚（Jean Trouillard）、皮埃尔·阿多（Pierre Hadot）、理查·

古莱（Richard Goulet）、让-马克·纳博恩（Jean-Mark Narbonne）、让-弗兰索瓦·普拉多（Jean-François Pradeau）、理查·杜福尔（Richard Dufour）、劳伦·拉沃（Laurent Lavaud）、杰罗姆·洛朗（Jérôme Laurent）等一大批优秀的学者。而吕克·布里松在过去近五十年的时间里，一直是法国柏拉图主义研究中的领军人物。他是法国国家科学研究院（CNRS）的高级研究员（2012年荣休），国际柏拉图学会（International Plato Society）的创建者之一，曾担任国际新柏拉图主义研究学会（International Society for Neoplatonic Studies）主席团成员、"国际柏拉图研究系列"丛书的主编。如今法文最权威的柏拉图全集和普罗提诺全集注疏版（均由Flammarion出版社出版）都是由他主持编辑和撰写的。

这样看来，由布里松教授给中国学生和学者带来关于普罗提诺哲学的系列讲座，就是再合适不过的选择了。布里松教授曾在2014年10月至11月应邀在"古希腊哲学名师讲座"第七个系列上做了关于柏拉图的系列讲座（讲稿已在2018年由北京大学出版社以《柏拉图哲学导论》为题结集出版）。2018年，72岁高龄的布里松教授与夫人再次访问中国，在"古希腊哲学名师讲座"的第十个系列上做了六次主题为"普罗提诺：为什么这个世界是美的？"系列讲座，我也终于得偿所愿。

在这六次讲座中，布里松教授既系统又有深度地讨论了普罗提诺思想的主要方面，涉及他的生平和作品特点、形而上学、物理学、灵魂学说、伦理学，并以普罗提诺的学说与宗教神秘主义的关系收尾。布里松教授的讨论总是既有宏观的整体视野（比如罗马帝国的文化背景，普罗提诺继承柏拉图、亚里士多德、斯多亚学说的背景，新柏拉图主义者继承和发展普罗提诺的背景），又有非常细致的文本分析（布里松对普罗提诺文本的熟悉程度令人惊叹，感觉他好像对普罗提诺用的每个词都了然于胸）；既照顾到学界的相关争论（比如普罗提诺的感觉理论、普罗提诺与神秘主义的关系等），又以严谨的证据和论证给出权威性的结论（而不至于让读者陷入茫然无助的困惑之中）。在结集成书之前，布里松教授又对全部讲稿做了系统的修订，并特别增补了第六章"普罗提诺论'恶'的问题"（这是一个在普罗提诺研究中争议很大的问题），从而让全书覆盖的主题更加完整，也让本书更加系统。

在此次访华期间，布里松夫妇还不辞辛劳，专程访问了华东师范大学哲学系与浙江大学哲学系，做了题为"柏拉图论嫉羡"的讲座，系统讨论了柏拉图如何批判和改造"嫉羡"这种在充满竞争性的古希腊社会里的重要情感。这篇讲座也作为附录收入本书，以期更完整地呈现布里松教授的此次中国之行。

和他的上一本《柏拉图哲学导论》一样，这本《普罗提诺哲学导论》是布里松教授以毕生研究新柏拉图主义哲学的经验，为我们贡献的一本杰出的"大家小书"。希望这本导论能让中国的读者受益，也吸引更多读者去关注和研究普罗提诺的丰富思想。

不过，这本"大家小书"的翻译一点都不容易。难度一方面来自普罗提诺的思想和措辞本身，他的很多表达都存在模糊性，很难十分肯定他的意思；另一方面，难度也来自布里松教授旁征博引和言简意赅的写作风格，他对普罗提诺、各派古代思想以及当代文献都了然于胸，可以三言两语就讨论完一个复杂的问题，这自然也对译者提出了很高的要求。

在布里松教授浙江大学的讲座上，我有些意外地见到了 2014 年在四川大学认识的陈宁馨。（我去四川大学讲学时，她是我的助教，讲学之后梁中和兄带着我们俩去山上吃枇杷的场景依然历历在目，迄今为止那依然是我对枇杷这种水果最美好的回忆！）此时，她已经是浙江大学的博士生了，主要的研究方向就是新柏拉图主义和普罗提诺。她很热情地承担了本书的翻译工作，并且认真严谨地完成了翻译。虽然我们前后四次校对本书，但是依然有一些地方拿捏不准。如有翻译不当之处，恳请读者批评指正。

最后，我还是要感谢很多人。我要感谢布里松教授对"古希腊哲学名师讲座"以及中国的古典哲学研究的支持；感谢中国人民大学"学科国际前沿教师培训项目"提供的机会；感谢华东师范大学的张立立老师、浙江大学的徐向东和陈玮老师对布里松教授夫妇的热情款待；感谢陈宁馨勇敢地承担了本书的翻译工作。最后还是要感谢北京大学出版社的田炜和王晨玉两位编辑耐心和细致的工作！

刘玮

2021 年 5 月 20 日

于中国人民大学人文楼

致　谢

我要感谢刘玮,他邀请我在2018年10月至11月到中国人民大学就普罗提诺做了一系列讲座。这是一次非常有趣的经历,让我有机会见到很多对西方哲学感兴趣的年轻中国学者。同样要感谢刘玮的慷慨和组织方面的才能,他给我安排了到杭州和上海的旅行,并在浙江大学和华东师范大学做了关于柏拉图的讲座。我希望这些会面会让不同文化之间的对话变得更加容易。

本书各个章节的主要内容或者发表在期刊、论文集中,或者在某些会议上宣读过,但是在准备讲稿和编辑成书的过程中,我对这些文章都做了不同程度的修改。

吕克·布里松
2019年2月

第一章　普罗提诺的生平、著作与学说①

一、普罗提诺的生平

《普罗提诺生平与著作顺序》(*Life of Plotinus and the Order of his Books* 以下简称《生平》)，是波斐利（Porphyry）在普罗提诺去世三十多年后撰写的。波斐利回忆了263—268年间，自己在普罗提诺的"学园"中的经历。本文的资料来源包括普罗提诺本人对212—246年间事情的讲述，普罗提诺在罗马的大弟子阿美利乌斯（Amelius）对246—263年间事情的讲述，波斐利自己在263—268年的见闻，最后还有欧斯托奇乌斯（Eustochius）关于普罗提诺最

---

① 本章参考文献有：波斐利：《普罗提诺生平》(*La Vie de Plotin*) 第一卷导论与完整的希腊文索引，Luc Brisson, Marie-Odile Goulet-Cazé, Richard Goulet, Denis O'Brien 编辑，*Histoire des Doctrines de l'Antiquité Classique*［directeur J. Pépin］6, Paris: Vrin, 1982；第二卷研究性导论、希腊文－法文对照文本、评注、补充性注释、参考文献，Luc Brisson, Jean-Louis Cherlonneix, Marie-Odile Goulet-Cazé, Richard Goulet, Mirko D. Grmek, Jean-Marie Flamand, Sylvain Matton, Denis O'Brien, Jean Pépin, Henri Dominique Saffrey, Alain-Ph. Segonds, Michel Tardieu et Pierre Thillet 编辑，*Histoire des Doctrines de l'Antiquité Classique*［directeur J. Pépin］16, Paris: Vrin, 1992）。关于普罗提诺的学说，参见《章句》(*Sententiae*, *Sentences*），研究性导论、希腊文－法文对照文本、评注、J. Dillon 英译，Luc Brisson 编辑，Paris: Vrin, 2005。

后时光的讲述。

据说普罗提诺生于公元 205 年,一些《生平》外的证据显示,他的出生地在吕科(Lyco),即吕科波利斯(Lycopolis),这个上埃及地区尼罗河畔的小镇,在今天的埃斯尤特(Assiout)。对于他的家庭,我们一无所知,不过可以确定,这个家族并非埃及血统。普罗提诺是一个拉丁名字,他对埃及的象形文字作品也缺乏了解(参见《九章集》V.5,论文 32.8)。他应该出生于一个富裕的、有文化的罗马家庭,这个家庭与社会高层有来往。当时富裕家庭的孩子通常从一出生就有专门的奶妈照顾,普罗提诺就是如此(《生平》3)。普罗提诺接受过良好的教育:他 7 岁起开始跟着家庭教师学习,28 岁时去往亚历山大里亚,追随阿摩尼乌斯·萨卡斯(Ammonius Saccas)学习哲学。很多证据都表明,普罗提诺之所以加入罗马皇帝戈迪安三世(Gordian III)发起的波斯远征,是因为他的家族(其中可能有高级官员)与高层联系紧密。此外,值得注意,普罗提诺转向哲学的年纪是 7 的倍数。如果他确实出生在 205 年,那么这次"转向"就应该是在 232 年。在这之后,他待在阿摩尼乌斯身边整整十一年,也就是直到 243 年。对于这位阿摩尼乌斯以及他的"学园",我们几乎一无所知,这或许是因为他们对表达持有一种"毕达哥拉斯式"的态度:阿摩尼乌斯没有写过任何东西,而且和毕达哥拉斯的弟子一样,阿摩尼乌斯的弟子也须保证老师的学说秘不外传(《生平》3.24-27)。在阿摩尼乌斯门下（卡西乌斯·朗基努斯［Cassius Longinus］也曾是他的弟子），普罗提诺同埃勒纽斯（Erennius）与奥利金（Origen）是同门，他们三人曾相互约定，不将阿摩尼乌斯的学说公之于众。

普罗提诺为了学习波斯和印度的哲学，加入了年仅十八岁的戈迪安三世皇帝的远征。皇帝的军队在242年春离开罗马，但是直到次年天气回暖，才在安条克（Antioch）集结后向战场进发。普罗提诺243年才离开阿摩尼乌斯，那么可以推断他在安条克加入了皇帝的军队。然而，第二年皇帝就身死扎塔（Zatha），很可能是遇刺身亡，普罗提诺说要不是自己逃到了安条克，可能也会有性命之忧。几个月后，大致在244年春，普罗提诺离开了安条克，去往罗马。这时他四十岁，阿拉伯人菲利普（Philip the Arab）的登基似乎并没有给普罗提诺造成什么麻烦，虽然人们指控菲利普是杀害戈迪安三世的凶手。在普罗提诺来到罗马两年之后，阿美利乌斯成为他的学生。据朗基努斯说，普罗提诺246年①在罗马的"学园"一开张，阿美利乌斯就是他的弟子和助手了。

普罗提诺在阿美利乌斯的帮助下办学24年，但是普罗提诺既不是帝国认定的教师，也不是私人教学机构的首领。他面向所

---

① 我们会注意到，这个时间点又是7的倍数，这使得整部《普罗提诺生平》编年的准确性都受到质疑。

有人进行开放式的教学,他的学园并没有机构性的特点,没有通过法律或习俗建立的制度。普罗提诺离开罗马之后(阿美利乌斯也随之离开),这个学园也随即解体。但是这并不妨碍普罗提诺对于那些在帝国的文化中心——尤其是阿帕梅亚(Apamea,在叙利亚境内)与雅典——任教的柏拉图主义者产生巨大的影响。在罗马时,普罗提诺住在葛米娜(Gemina)的家中,这是一个醉心于哲学的贵族女子,她是伽卢斯皇帝(Trebonianus Gallus,251—253年在位)的遗孀。此外,伽里埃努斯皇帝(Gallienus)与妻子萨罗尼娜(Salonina)也对他的学园照顾有加。在夏季,普罗提诺会改变教学方式,可能会在坎帕尼亚(Campania),泽图斯(Zethus)的一处房产进行教学,这处房产原先可能属于卡斯特里西乌斯(Castericius)。

无论是谁,只要感兴趣,都可以走进普罗提诺的教室,波斐利在《生平》第7节开头梳理学生名单时,将听众(*akroatai*)与弟子(*zelotai*)区分开来。在普通听众中,有画家卡特里乌斯(Carterius)、一些元老院成员,甚至还有一些断然不会赞同普罗提诺的人——诺斯替教徒(Gnostics)阿德尔菲乌斯(Adelphius)与阿奎利尼乌斯(Aquilinius),一位财政官员陶玛西乌斯(Thaumasius)、修辞学家狄欧法尼斯(Diophanes),甚至普罗提诺的昔日同门奥利金。在"弟子"名单中,有女性弟子,葛米娜和她的女儿都位列其中。至于男性弟子,首先是那些专门从事哲学的人：阿美利乌斯与波斐利；其次是几位医生：斯库托波利斯的保利努斯（Paulinus of Scythopolis）、欧斯托奇乌斯以及阿拉伯裔的泽图斯，接着还有诗人佐提库斯（Zoticus），一些元老院成员——卡斯特里西乌斯·菲尔穆斯（Castricius Firmus）、马尔西鲁斯·奥隆提乌斯（Marcellus Orrontius）、萨庇尼鲁斯（Sabinillus）以及罗伽提阿努斯（Rogatianus）。最后，还有一位穷困潦倒的弟子，亚历山大里亚的塞拉皮翁（Serapion of Alexandria），波斐利对他有一些负面评价。

普罗提诺的教学主要有两个方面：一方面是释经式的（exegetical），另一方面是教义式的（dogmatic）。在他的课堂中，释经扮演重要角色，但只是作为阐发受到阿摩尼乌斯启发的一套理论的前奏，而阿摩尼乌斯本人又受到了努梅尼乌斯（Numenius）的影响。这套理论是一种受到斯多亚主义强烈影响的柏拉图主义学说，同时还结合了新毕达哥拉斯主义进行诠释。甚至有人谴责普罗提诺，称他剽窃了努梅尼乌斯的学说——波斐利与阿美利乌斯的证言印证了这一点。在课堂上，普罗提诺拒不使用修辞性的阐释方式，而是在系统性阐释下进行讨论，波斐利刚来到学园的时候，曾因此深感困惑；还有许多别的听众，比如陶玛西乌斯，也曾抱怨过这一点。不过，即便普罗提诺有些话说得艰涩难懂，他仍是一个优秀的老师。他还有种种超越哲学领域之外的天才能力："关于几何、算术、机械、光学、音乐，他都有非常全面的知识,纵使他本人并没有花费精力对它们进行细致的研究"(《生平》14.7-10)。

二、波斐利对《九章集》的编辑

《普罗提诺生平》一书,除了刻画出大师的形象之外,更为重要的贡献是介绍了波斐利编辑的新版普罗提诺著作:他将自己搜集得来的论文编为六卷、每卷九章。① 可以想见,这个分类方式是出于数论的(numerological)考虑,这在新毕达哥拉斯主义的语境下是非常自然的,他们很在意数字的象征意义。2 是第一个偶数,3 是第一个奇数,6 是 3 和 2 的乘积,而 9 则是 3 的平方。由此可以推断,波斐利拆分了一些论文,最后得到了 54 这个数字。② 有许多证据可以表明这一点,比如论文 28 是从论文 27 一句话的中间开始的,还有许多篇格外短小的论文:论文 4(IV.2)、8(IV.9)、11(V.2)、13(III.9)、14(II.2)、16(I.9)、17(II.6)、18(V.7)、21(IV.1)、35(II.8)、37(II.7)、36(I.5)、41(IV.6)、49(III.3)和 54(IV.6)。此外还有论文 13(III.9),它是杂糅而成的。

---

① 《九章集》的标题 enneas 在古希腊语中的意思就是九个一组。
② 关于普罗提诺论文的编年顺序及篇章顺序,参阅本章末尾所附列表。

波斐利称，普罗提诺还在世的时候，他就已经开始了编辑工作："以上是我对普罗提诺生平的讲述。他本人也委托我整理和编辑他的著作，他还在世时我就已经答应他，也向我们的其他朋友应承过。首先，我认为不应该仅仅按照它们的写作顺序乱七八糟地堆在一起的。"（《生平》24.1-6）此外，《生平》的最后几句话再次提到了这一点。然而，这一编辑工作却直到300—301年才面世。普罗提诺在270年去世，这个系统性的编辑工作与普罗提诺的离世之间相隔了30年。在这段时间，似乎有一个按照时间顺序编辑的版本流传于世。尤西比乌斯（Eusebius）印证了这一点（《福音的准备》[*Evangelical Preparation*] XV.22），他对论文2（IV.7）的划分方式与波斐利不同。另外，尤西比乌斯还提到了一个讨论灵魂作为实现（entelechy）的段落（《福音的准备》XV.10），并未被收录在波斐利《九章集》的抄本当中。如此看来，"欧斯托奇乌斯版"（据论文28［IV.4］.29.55的旁注）就应该是普罗提诺临终之际交给医生欧斯托奇乌斯的，他是当时唯一一个在普罗提诺身边的弟子。①

波斐利将六个九章划分为三册。实际上，它们是三册手抄本（codices），每一册都被分编为四组，即每个部分都包含两组四个

---

① 参见 Luc Brisson, "Une édition d'Eustochius?" *La Vie de Plotin*, vol. II, pp. 65-69; Marie-Odile Goulet-Cazé, "Remarques sur l'édition d'Eustochius," *La Vie de Plotin*, vol. II, pp. 71-76。

对开页，最后得到了八个对开页，也就是十六页书，它们被装订在一起并加上木质封皮。《九章集》有这样的三册，第一册还将波斐利的《普罗提诺生平》收录其中，当作前言，在它之前可能是卡特里乌斯为普罗提诺写的小传。

第一册是前三个"九章"，主要收集了关于道德问题的论文。第二册是第四和第五个"九章"，收集了关于灵魂问题的论文。第三册则是第六个"九章"，收集了关于"太一"问题的论文。这种数字的组合方式必然让一个新毕达哥拉斯主义者非常满意，它给出了一个渐进的阅读顺序，从教育的角度看，使读者得以经由灵魂与理智，从感性世界上升至"太一"。

波斐利以这种方式安排了论文顺序之后，介绍了自己接下来的工作。他为那些看起来有些困难的论证，做了总结与概要，比如论文3（III.1）的最后一节，以及论文37（IV.3.5.15-19）。此外，还有一些证据表明，波斐利写过关于《九章集》的注疏，不管是他的《章句》，还是（伪）亚里士多德的《神学》(*Theology*，这本书是对《九章集》最后三卷的阿拉伯文转述，其源头可能是波斐利）。

三、普罗提诺的语言风格

对于那些熟悉柏拉图语言的译者而言，翻译普罗提诺的时候，难免会对他的语言质量深感失望。① 在罗马帝国时期，知识分子（尤其是哲学家）使用的语言是希腊语，所以普罗提诺用希腊语上课，也用希腊语写作，但即便如此，如我们所见，他的母语不可能是希腊语。从他的家世来看，母语应该是拉丁语。由于对希腊语不那么熟悉，再加上他自己发音的问题，就导致了他的讲课并不是那么容易理解。至于写作，普罗提诺拼写时很不仔细，也不注意词与词的分隔；再加上他视力不好，对于已经写好的东西，他也不会回头去重读（《生平》8）。当然，他的作品流传到我们手上时，绝大部分实质性的文法错误都已经不见踪影了，这很大程度上得益于波斐利的编辑工作。波斐利最大的优势就在于他的校改，他的工作完成得非常漂亮。在《九章集》全书中，唯一一个拼写错误出现在 IV.7.8.4，这一文段在尤西比乌斯那里缺失了，② 他手上的肯定是未经校订过的普罗提诺抄本，也就是欧斯托奇乌斯的版本，这证明了在《九章集》修订之前，这些文本的确有不同的形态。所有流传到我们手上的文本，基本上都是工整无虞的。但是普罗提诺自己的语言并不追求纯正，也就是那些阿提卡主义者追求的目标，那些人宣称要追随伟大作家的脚步，尤其是追随那些伟大的演说家。而普罗提诺从日常语言中借

---

① 参见 Luc Brisson, "Plotinus, Style, and Argument," in *The Routledge Handbook of Neoplatonism*, ed. Pauliina Remes and Svetla Slaveva-Griffin, London: Routledge, 2014, pp. 126-144。

② 有人将 *psukhikou* 读作 *phusikou*，参见 P. Henry, États 120。

鉴良多，其中既有阿提卡的元素，也有伊奥尼亚方言。

四、普罗提诺的论证方法

要界定普罗提诺的论证方法，我们遇到的第一个困难在于，这些论文反映了普罗提诺的课堂氛围。波斐利在《生平》13—14节中解释道，普罗提诺会让学生读一些注疏，接着他会进行阐发，然后由听众提问。这些问题通常都是反驳，因此难以被很好地嵌入整个论证。所以，如果不考虑普罗提诺作品的对话形式会很危险，我们需要确定究竟是谁在说话，是普罗提诺，还是对话者？此外，文本本身也包含了一些标志，提示出从一个对话者到另一个对话者的转变。普罗提诺不是在现代大学的课堂上开课的教授；他的论文并不是系统性的作品，而是与带着或多或少善意的听众进行的对话，这些听众所持的观点可能大相径庭，比如诺斯替教徒，甚至波斐利自己。

第二个困难在于，普罗提诺讨论正统学术主题的大多数短篇论文都会给人混乱无序的印象，行文通常遵循着教师与弟子间开放讨论的节奏。在那些处理重要问题的论文中，这种混乱的印象会有所减弱，比如论文26（III.6）《论无形体之物的不可毁灭性》、论文27—28（IV.3-4）《论关于灵魂的几个难题》；论文42—44（VI.1-3）《论存在的种类》、论文34（VI.6）《论数》、论文3（VI.7）

《论理念的多样性如何确立，兼论至善》、论文39（VI.8）《论自愿性与太一的意志》，或许还有论文45（III.7）《论永恒与时间》和论文40（V.3）《论认识本体与超越者》。但是，即便在这些地方，也还是存在一些困难。比如《九章集》III.6被划分成两个部分：其中第1—5节处理灵魂的不可毁灭性，6—13节论述质料问题。《九章集》VI.7一共讨论了三个主题：1—15节考察理智世界与可感世界之间的关系；16—35节考察太一与理智的关系；36—42节则讨论太一是否进行思考。我们似乎不得不得出这样一个结论：在普罗提诺那里，我们找不到任何关于主要问题的系统性阐述。

这样我们就能够理解普罗提诺对论证方法的使用了。论证（argumentation）应当与证明（demonstration）和证实（proof）区分开来。"证明"通常始于一些不言自明的公理，然后通过所有人都接受的规则，最后得到一个结论。证明某事就是通过"逻辑的"手段，确立某个命题为真。"证实"则是通过物理学的实验验证，确立一个具体的、经验的事实，或者是在司法语境中，确立某种直接或间接的证据。"论证"则是通过展现某一行为可以得到好的结果（尤其是伦理上的好），规劝人们去做这件事。严格说来，在普罗提诺那里并不存在任何证实；即便确实知道一些证明的规则，他也没有真的诉诸证明；他自觉地把自己的讨论限定在论证的范围内。

在普罗提诺那里，对证据（tekmêrion）与证实（tekmairesthai）的使用都十分罕见，它们都是在验证某个可感物的语境中出现的。人们落泪和呻吟，为世界上有恶的存在提供了证据（论文47［III.2］15.60）；而尸体上某些功能依然能够延续，比如头发与指甲的生长，是灵魂中次级部分发挥作用的证据（论文28［IV.4］29.8）；那些关于令人愉悦之事的记忆本身并不令人愉悦，这一事实为人们应当区分记忆与欲求提供了证据（论文27［IV.3］28.19）；内在美的存在表明，美是关乎形式（form），而非关乎质料的（论文31［V.8］2.24）；星象学缺乏证据（论文3［II.1］5.25），而对宇宙的观察则是对宇宙中存在秩序的证实（论文47［III.2］13.18）；没有证据表示记忆从属于灵魂与身体的结合（论文27［IV.3］26.12）。

关于"证明"，普罗提诺熟悉柏拉图、亚里士多德及斯多亚学派给出的那些证明程序。在论文20（I.3）《论辩证法》中，他简短地提到了逻辑仅仅关乎命题与三段论，只有一部分是有用的（4.19-24），而且仅限于语言的层面上。在题为《论存在的种类》的三篇论文中（论文42-44），他虽然对亚里士多德与斯多亚学派的范畴学说进行了长篇讨论，但目的只是为了将它们限制在可感世界，因为就理智世界而言，真正的"范畴"只有柏拉图在《智者》中提到的五个大类。在方法论的领域，普罗提诺唯一赞许的就是柏拉图的辩证法。但是在这里，普罗提诺也表现出了原创性。他当然提到了柏拉图在《政治家》与《智者》中所用的综合与划分法,它们被用于区分不同的种类(论文 20 [I.3] 4.10-14),但是这些方法丧失了它们在这两部对话中启发性的面向(heuristic orientation),而是成为一条上升到理智、再上升到太一的路径,从而与普罗提诺对《理想国》第六卷、《斐德罗》和《会饮》的某种阐释一致。

普罗提诺自己更为常用的方法是"论证",但这是在一个特殊的意义上。他的目的是要引领读者(就像他应对听众那样)去认可柏拉图在每个领域的立场。这个目的就不是为了展示原创性了,它旨在将柏拉图与亚里士多德、斯多亚学派,有时候甚至是伊壁鸠鲁学派和怀疑论者的立场进行比较,指出柏拉图已经发现的真理。但是我们必须承认,普罗提诺与柏拉图、亚里士多德的关系是间接的,即便他直接阅读过他们,他的理解也是经过前人阐释过滤的。不过我们必须更进一步。对普罗提诺而言,引领读者去遵循柏拉图的思想,还表现出一种伦理维度,因为这是一种生活方式,通向所有柏拉图主义者的最终目标,即与神相似(assimilation to the divinity),换言之,就是沉思理智世界,由此通向幸福。波斐利对《九章集》的编排展现出特定的阅读顺序,这个顺序就体现了这种冀望。

事实上,普罗提诺对柏拉图的阐释,不能仅仅简化为一种学术活动。它的目的在于,向读者介绍一种生活方式,就像伊壁鸠鲁学派和斯多亚学派那样。普罗提诺的论证方法致力于表明，比起其他哲学家（甚至是基督徒）所提出的、正在成为社会主流的生活方式，他所推荐的这种生活方式更具优越性。正如《论辩证法》一文的末尾所强调的，辩证法与知识构成了最高等级的德性（这篇论文紧接在《论德性》之后）。普罗提诺在《论辩证法》中说："对于所有事情，辩证法（*dialektikê*）与理论智慧（*sophia*）都以一种普遍的、无形体的形式提供了实践智慧（*phronêsis*）所需的一切。"（论文 20［I.3］6.12-14）在这里，我们确实可以说，普罗提诺是一个借助修辞工具来说服听众的传道者，然而，我们也必须承认，他将逻辑与辩证法变成工具，是为了服务于一种幸福的生活，一种由能使灵魂回归自己本原（principle）的知识所引领的生活。如此一来，我们就能够理解，为什么新柏拉图主义很快就变成了基督教唯一的哲学对手。

五、普罗提诺的学说

要理解普罗提诺的思想，就必须将它重新放置到它所属的时代中去，在当时哲学已经成为一种生活方式。关于这个可感的世界，如果要谈论它、思考它、让行为作用于它，我们就必须找到它的规律性与恒常性，而灵魂的活动则保证了这些，这种规律性与恒常性来自理智（Intellect），而理智又源自于太一。普罗提诺为这一系统提供了一贯的视阈，他不仅要证明这一系统比其他哲学系统和基督教更加优越，还要保证每一个遵循这种世界观的人都能从中获得幸福，也就是变得与神相似，或者说变得尽可能完美。普罗提诺的语言风格和论证方法，都必须被置于这一语境之下，否则就难免遭到误解。普罗提诺作为作者的这些品质贯穿他的所有作品，由此提出了一种引人入胜，并且颇具原创性的阐释柏拉图的方式。

如果我们相信波斐利所说的（《生平》21），那么普罗提诺就是致力于协调毕达哥拉斯学派的原理与柏拉图的原理。然而，在普罗提诺生活的环境中，斯多亚学派的影响几乎是主导性的，因此我们就可以理解为什么普罗提诺的"哲学综合"也深受斯多亚学派的影响，正如波斐利提示我们的："总归，他的写作之中，充满了隐藏着的斯多亚学派和漫步学派理论。"（《生平》14）

（一）柏拉图与毕达哥拉斯

在《论学园派成员与柏拉图之间的距离》（*On the Distance of the Members of the Academy from Plato*）的第一卷中，努梅尼乌斯对老学园多有指摘，认为他们未能保证柏拉图理论的纯正性；与之相对，毕达哥拉斯的弟子们则做到了。但是论及老师本人，柏拉图既不次于也不优于毕达哥拉斯（残篇 24.14-22 des Places）。此外，努梅尼乌斯还以苏格拉底为中介，进一步在柏拉图与毕达哥拉斯之间建立了联系，因为苏格拉底被认为是毕达哥拉斯的弟子。

事实上，在努梅尼乌斯看来，这种弟子之间的分歧应该归结为一个基础的、理论上的不同，他将这一观点归于苏格拉底，但是它显然属于毕达哥拉斯主义传统。

> 但是远在他们之前，同样的情形也曾发生在苏格拉底的追随者之间，他们都另择他枝：阿里斯提普（Aristippus）、安提斯提尼（Antisthenes）、麦加拉学派（Megarians）与埃雷特里学派（Eretrians），以及其他曾与他们为伍的人，都各自走了自己的道路。原因在于，苏格拉底假定有三位神，他按照合宜的节奏谈论每一位。但那些听他说话的人并不理解，认为他是在无序地谈论同一个东西，就像毫无征兆的风，全凭随机地一会儿吹往这儿，一会儿吹往那儿。但是，柏拉图受过毕达哥拉斯学派的训练，他知道苏格拉底的唯一源头就在那里，所以他能够理解苏格拉底说的。因此，柏拉图也将自己的主题以一种非传统的方式联系在一起，而从不明确讲出。（残篇 24.47-58 des Places）

这段话的有趣之处并不在于它的历史真实性，而在于它的意识形态色彩。努梅尼乌斯归于苏格拉底的三位神，实际上来自一篇毕

达哥拉斯学派的伪作,即柏拉图写给小狄奥尼修斯(Dionysius the Younger)的《第二封信》:

> 正是诸事之王决定了诸事;他是诸事的目的,也是诸事的原因。那位列第二的决定了第二等级的事物,位列第三的则决定了第三等级的事物。人的灵魂渴望获悉,这些事物究竟是哪一类,它将目光转向那些与自己相似的事物,却发现无一吻合;很显然,刚刚提到的那位王,以及其他的本原,都不属其类。灵魂由此发问:这些本性究竟是什么?迪奥尼索斯(Dionysos)与多里斯(Doris)之子啊,这个问题正是万般苦恼的原因;正是它,在灵魂中引发了分娩的剧痛,她必须从中生产,否则这个灵魂将永远不能得到真理。(《第二封信》312e-313a)

有诸多证据表明这是一篇来自新毕达哥拉斯主义的伪作:第一,文中提到的理论被形容为 akousmata(听到之物),这个词指的是一种有提示功能的书写方式,以帮助记忆那些口头秘传理论中的要点。第二,它以一种"谜语"(ainigma)的方式行文,这种具有双重含义的语言常为毕达哥拉斯主义者所使用。第三,根据亚里士多德的看法,毕达哥拉斯主义者认为数字 3 在根本上和 kosmos(宇宙)联系在一起(《论天》I.1.268a10-13)。第四,这封书信的作者提到，阅读之后请将信件销毁，这是为了保守毕达哥拉斯学派的秘密。

努梅尼乌斯提到的这个三神理论，后来普罗提诺也提到了，还因此被指责剽窃了努梅尼乌斯（《生平》18.1-18）。简言之，在公元2世纪，柏拉图主义与毕达哥拉斯主义之间存在共识已经成为人们广泛接受的看法，正是在这一基础上，毕达哥拉斯学派的伪作才力图强调柏拉图的思想对毕达哥拉斯的依赖性，以及这两种思想倾向的趋同性。

（二）物理层面的斯多亚学说

在那些涉及 *logos*（理性、理性原则）的学说方面，尤其可以看到斯多亚学派的影响。普罗提诺试图在两种学说之间进行综合：一方面是柏拉图主义，引导他将太一、存在和灵魂当作超越宇宙并与之分离的东西；另一方面是斯多亚学派的活力论（vitalism），它赋予宇宙以生命的能量，在这种能量的塑造下，宇宙成为一个循环的无尽序列。

斯多亚学派提供了一个关于宇宙的宏大视阈，宇宙被看作一个神圣的、有生命的、自我创造的机体，它的组织遵循理性的法则，即便是最不为人察觉的细节，也受到神意（Providence）的统辖。[①]

[①] 关于斯多亚学派的讨论受惠于雅克·布伦什维克，参见 Jacques Brunschwig, *Philosophie Grecque*, Paris: PUF, 1982, pp. 534-548。

在这种宇宙论的基础上，斯多亚学派给出了下面两种本原。第一种只具有被动的能力：这就是质料（*hulê*），它完全不具有确定性、运动和主动性；另一种则具有行动的能力，并可以为质料赋予形式、性质和运动。第二种本原就是"理性"（*logos*）。① 假如没有这个完全独立于质料的本原，宇宙中就没有任何东西是"这个"或"那个"，甚至不能被称作"这个"或"那个"。在这样的语境下，*logos* 也可以被称作"神"，因为它的行动使它成为宇宙的工匠，尽管这位工匠的技艺都寓于种种自然的产物中。一旦将质料毫无确定性的理论推到极致，斯多亚学派就不得不承认，即便是对于最基本的物理现象，*logos* 也是唯一的原因，比如四元素，以及四元素在可感个体中的结合。这就是为什么我们常常会谈到斯多亚学派的"形体主义"（corporealism）甚至"物质主义"（materialism）：*logos* 对质料和物体加诸的影响仍然是一种物质性的、有形体的行动。

主动的本原，也就是斯多亚学派说的 *logos*，还有一个物理的名称：火。这并非具体的火，而是一种将所有具体之火的能量维系在自身之内的火。它是一种能量，在其他三种元素（气、水、土）的状态中（气态、液态、固态），也能找到这种能量。斯多亚主义者将自己置于一个可以回溯到赫西俄德（Hesiod）的传统之

---

① 我们很快就会看到，这个词不能按照通常的意思来理解。

中，认为宇宙是神的一系列变化的结果，而神作为创造之火，带来了世界的生成。然而，在循环的无尽序列中，这种生成与毁灭不可分割，宇宙总是会在一场彻底的大火中毁灭，消解为生成之前的状态。每一个宇宙序列都只不过是其他宇宙序列的重复。总是那相同的"生殖或生育的理性"（*logoi spermatikoi*）一次又一次地反复实现。

这种被说成是 *logos*、等同于神的火，也可以被当作火性的气息（fiery breath），就是无所不在的 *pneuma*（普纽玛）。世界的任何一个部分，都渗透着 *pneuma*，并为其所塑造，火是热的，所以不断扩张膨胀；而气是冷的，所以与火相反，带来收缩。这种在热与冷、膨胀与收缩之间的摇摆给机体赋予生命，并确保它们的内聚力，它被称作"张力"（*tonos*）。对应着宇宙的不同领域，这种张力也会呈现为多种样态。在无生命的固体之中，它的名字是"构成"（constitution）、"保持"（holding）、"维持"（maintenance），即 *hexis*（状态）；在植物中，它是"生长"（growth，*phusis*）；在有生命之物中，它是"灵魂"（*psukhê*）。① 但无论在哪一种情形下，它的功能都是统一所有机体，包括而且特别是统一宇宙整体。

---

① H. von Arnim ed., *Stoicorum Veterum Fragmenta*（缩写为 *SVF*《早期斯多亚学派残篇》）II, No. 1013 = 塞克斯都·恩披里柯（Sextus Empiricus）：《驳学问家》（*Adv. math.*）IX.78。

从历时的角度看来，世界的统一与动态的内聚力都与神意相符，而斯多亚学派著名的决定论或命定论就来自这里。为了避免彻底的决定论，斯多亚主义者们解释道，每一个事件都不仅有唯一的原因，而且有复合的原因。然而这种解释只不过是在转移问题。

（三）普罗提诺思想的结构

面对这个具有高度统一性的理论时，普罗提诺表达了他对柏拉图的忠诚。他围绕着三个"本体"（*hypostaseis*）阐明自己的思想：太一、理智与灵魂（即与身体完全分离的灵魂）。这些"本体"[①]没有一个是有形的，它们代表了最高层次的实在，因此无法像斯多亚学派那样被归结为形体。

为了将 *logos* 安置在这一结构中，也为了理解它的功能，我们必须先考察灵魂的问题。灵魂来自哪里？是什么将灵魂与理智之物区分开？这里存在巨大的困难。理智是"一而多"，灵魂是"多而一"。在理智之中，所有的知识都是同时的、直接的；而在灵魂之中，却存在着从一个要素到另一个要素的变化（*metabasis*），这是由于理性（reason）总是从前提到结论。理智

---

① 普罗提诺使用 *hypostasis*/*hypostaseis* 的方式与波斐利不同：参见《论三个原初本体》（论文10 [V.1]）以及《论认知的本体与超越者》（论文49 [V.1]）。我遵循波斐利的使用方式，用 *hypostaseis* 指存在的等级。

的特点是永恒，而灵魂却总与时间相连，时间是与灵魂一同产生的，这使得灵魂陷入一个矛盾的境地——它本来同理智一样，也是永恒的实体。无论是从连续的角度还是从划分的角度，灵魂都包含了一切同时和以统一的方式存在于理智之中的东西：普罗提诺借 *logoi* 这个词阐明了这一点，他认为在灵魂之中的 *logoi* 与理念（Forms）相同；说得更清楚一点，这些 *logoi* 就是灵魂层面的理念。灵魂在产生的原因上依赖理智，因为太一以理智作为中介产生了灵魂，而结果和原因总是不同的。类似地，在某种意义上，可感世界的生成也依赖理智，但灵魂对可感世界的掌控并不依赖理智。

在这一层面上，主题已不再是独立于身体的灵魂了，而是在身体之中的灵魂，也就是世界灵魂以及个体的灵魂。[①] 即便普罗提诺强调灵魂的统一性，世界灵魂与个体灵魂也不是那个高于它们作为本体的灵魂的部分。普罗提诺的观点更接近斯多亚学派的理论：世界灵魂和个体灵魂都是灵魂本体的反映（reflection）。世界灵魂之所以与个体灵魂不同，是因为世界灵魂赋予生命的那个身体，优于人类的身体，毕竟世界灵魂不受制于那些烦扰人类灵魂甚至动物灵魂的问题，尽管相信轮回的普罗提诺也对这两种

---

① 诸神、精灵、人、动物，甚至植物的灵魂都应被划入这一组。

灵魂感兴趣。①

比身体更低的是质料，它是一切构成的基础，它或许可以被视作从世界灵魂的低级部分流溢（emanate）出来的东西。②

《九章集》各章的编年顺序

（拉丁数字为《九章集》中的卷章数；论文数为创作的先后顺序）

I.1 论文 53	III.1 论文 3	V.1 论文 10
I.2 论文 19	III.2 论文 47	V.2 论文 11
I.3 论文 20	III.3 论文 48	V.3 论文 49
I.4 论文 46	III.4 论文 15	V.4 论文 7
I.5 论文 36	III.5 论文 50	V.5 论文 32
I.6 论文 1	III.6 论文 26	V.6 论文 24

---

① 关于这个论题，参见 Werner Deuse, *Untersuchungen zur mittelplatonischen und neuplatonischen Seelenlehre*, Wiesbaden: Steiner, 1983。

② 关于这个话题的争论一直持续。奥布莱恩认为，质料也是流溢出来的，他在以下两本书中有力地表达了这种观点：Denis O'Brien, *Plotinus on the Origin of Matter: An Exercise in the Interpretation of the Enneads*, Napoli: Bibliopolis, 1991; *Théodicée plotinienne et théodicée gnostique*, Leiden: Brill, 1993。纳博恩的观点则更精细，参见 Jean-Marc Narbonne, *Plotin, Les deux matières* (*Ennéade* II.4〔12〕), Paris: Vrin, 1993。

续表

I.7 论文 54	III.7 论文 45	V.7 论文 18
I.8 论文 51	III.8 论文 30	V.8 论文 31
I.9 论文 16	III.9 论文 13	V.9 论文 5
II.1 论文 40	IV.1 论文 21	VI.1 论文 42
II.2 论文 14	IV.2 论文 4	VI.2 论文 43
II.3 论文 52	IV.3 论文 27	VI.3 论文 44
II.4 论文 12	IV.4 论文 28	VI.4 论文 22
II.5 论文 25	IV.5 论文 29	VI.5 论文 23
II.6 论文 17	IV.6 论文 41	VI.6 论文 34
II.7 论文 37	IV.7 论文 2	VI.7 论文 38
II.8 论文 35	IV.8 论文 6	VI.8 论文 39
II.9 论文 33	IV.9 论文 8	VI.9 论文 9

论文 1　I.6	论文 19　I.2	论文 37　II.7
论文 2　IV.7	论文 20　I.3	论文 38　VI.7
论文 3　III.1	论文 21　IV.1	论文 39　VI.8
论文 4　IV.2	论文 22　VI.4	论文 40　II.1
论文 5　V.9	论文 23　VI.5	论文 41　IV.6
论文 6　IV.8	论文 24　V.6	论文 42　VI.1
论文 7　V.4	论文 25　II.5	论文 43　VI.2
论文 8　IV.9	论文 26　III.6	论文 44　VI.3
论文 9　VI.9	论文 27　IV.3	论文 45　III.7
论文 10　V.1	论文 28　IV.4	论文 46　I.4

续表

论文 11 V.2	论文 29 IV.5	论文 47 III.2
论文 12 II.4	论文 30 III.8	论文 48 III.3
论文 13 III.9	论文 31 V.8	论文 49 V.3
论文 14 II.2	论文 32 V.5	论文 50 III.5
论文 15 III.4	论文 33 II.9	论文 51 I.8
论文 16 I.9	论文 34 VI.6	论文 52 II.3
论文 17 II.6	论文 35 II.8	论文 53 I.1
论文 18 V.7	论文 36 I.5	论文 54 I.7

第二章　普罗提诺论自然

普罗提诺试图追随柏拉图的《蒂迈欧》，但是由于受到亚里士多德与斯多亚学派的影响，他仍然在宇宙论方面展现出相当的原创性。① 首先，他接受了亚里士多德对质料与工匠神（Demiurge）的批评，因而背离了柏拉图在《蒂迈欧》中所使用的人工论比喻——在《蒂迈欧》中，工匠神塑造可感事物时，看着理智存在，以那些理念作为范本。其次，和斯多亚学派一样，普罗提诺用一个活力论比喻取而代之——世界灵魂在产生了质料之后，将理性（logoi）注入这些质料，从而制造出物体。

一、柏拉图论世界的创造

在一个基本的问题上，亚里士多德赞同柏拉图的《蒂迈欧》：用机械论的方式来解释世界的产生是不充分的。虽然二者说法

---

① 本章参考文献：《九章集》论文 27-28（IV.3-5），论文 30（III.8）。

不同,亚里士多德讲的是第一推动者,它是所有存在者的欲求对象;而柏拉图则引入了工匠神,他是匠人或技艺的使用者。此外,柏拉图还谈到了 khôra(空间、接受者、基底)与必然性(anagkê);而亚里士多德认为这是次级的原初物质,他自己则讨论质料(hulê)。我曾在别处论述过质料的问题,[①] 在这里我想要处理工匠神的问题。

(一)自然与技艺的对立

基本的对立就在于 phusis(自然)与 tekhnê(技艺)之间,亚里士多德也意识到了这一点:

> 所有的技艺都是关于生成的,即思考与促成某个既可能存在又可能不存在的事物得以生成,其根源在于制作者,而非被制作的事物;因为技艺不是关于已经存在的事物,不是关于因为必然性而生成的事物,也不是关于根据其自然生成的事物(因为这些事物的根源在于它们自身)。(《尼各马可伦理学》VI.4.1140a10-16)

---

① Luc Brisson, "Aristote, *Physique* IV 2"〔1997〕, reprinted in Brisson, *Lectures de Platon*, Paris: Vrin, 2000, pp. 99-110.

在这段文本中，亚里士多德一方面将技艺同必然性对立起来，另一方面也将它们同自然对立起来。

对亚里士多德而言，在可感世界中，行动或生成物的决定性原因是目的因，它不仅仅指一段过程的终点，也指其目的，过程"为了目的"而展开。这就解释了为什么在这一层面上，目的因与形式——也就是每一个存在的内在组织原则——相一致。更普遍而言，它也解释了为什么所有存在都以自身的善好作为终点，这是由于它们都依赖一个不动的第一推动者，它是万事万物终极的善好与目的因，作为"一个爱的对象"推动万物（《形而上学》Λ.7.1072b3）。在以下两个方面，自然与技艺对立：其一，技艺无关目的，而是致力于探求使得事物能够生成的方式，而生成的本原在生产者之中。其二，技艺产生的对象并非必然存在，而是偶然的，在可感世界中的存在尤其如此，因为它们取决于时间之中的某个决定。这就意味着，这个世界有一个时间中的源头，因此它也是可以毁灭的，因为凡有生者皆有死——这恰恰是亚里士多德无法接受的结果。

（二）《蒂迈欧》中的原因问题

要想理解《蒂迈欧》，我们必须首先假定，可感事物仅仅是理智形式（或理念）的印象（images）。"印象"必定与其范本相似，但又不能完全相同。为了解决这个问题，柏拉图诉诸两种虚构的事物：工匠神与 *khôra*。①

工匠神是一位善好且毫无嫉羡（*phthonos*）的神，②他是一个理智（*nous*），以数学为工具（用各种比例作为构造世界灵魂的根据，用正多面体作为构造世界身体的基础），制造了与理智世界相似的可感世界，向其中注入充分的恒常性与规律性，从而使得这个世界可以被思考、被谈论，并且可以将行动加诸其上。因此，这个神必然要被比作工匠：

> 任何工匠都时刻想着他的产品，绝不会随意地选择和运用他要使用的东西，否则他如何能将某个形状赋予产品呢？如果你愿意，不妨用画家、建筑师、造船的人，或者其他任何工匠作为例子，瞧瞧他们如何把要制作的东西安置进一个特定的结构，又是如何让一个部件与另一个部件相互配合，直到整个东西都按照有条有理、井然有序的方式组合在一起。(《高尔吉亚》503e7-504a1）

这位工匠神的问题必须要与一种对抗性的原则，即 *khôra*，一同

---

① "虚构"不应被理解为贬义词。卢梭把"社会契约"当作民主的基础，社会契约也是一种虚构，但它是法国大革命的源头，并且指明了这种政治组织形式的基础。

② 关于这个重要概念在柏拉图著作中的地位，参见本书附录。在古希腊这种竞争主导的社会，*phthonos* 这种情感驱使处于劣势地位的个体不择手段地确保自己成为潜在的竞争者。

讨论。① 可感事物是在 khôra 之中出现的，也是借由 khôra，可感事物才得以被制造出来，它解释了可感世界为什么与理智世界截然不同。不过我们不要将 khôra 等同于亚里士多德的质料：因为 khôra 是无法穿透的，所以它使可感事物分散在空间中，仅此而已；而在建立世界秩序方面，khôra 没有扮演任何角色，因为它不具有任何特征。② 不过，khôra 为元素所充盈，这些元素要么以印记（traces）的方式，要么以它们完善的形式（多面体）存在；khôra 最初处于不规则的运动之中，工匠神制造世界灵魂正是为了给这种运动赋予秩序。柏拉图将这一机械的运动称作 anagkê，即"必然性"。

此外，《蒂迈欧》的结构进一步为这种分析提供了佐证：

导言（27c-29d）
发展（29d-92c）
　　理性的工作（29c-47e）
　　关于必然性（47e-69a）

---

① 参见 Luc Brisson, *Le Même et l'Autre dans la structure ontologique du Timée de Platon. Un commentaire systématique du Timée de Platon*〔1974〕, Sankt Augustin: Academia Verlag, 1998，第一章。

② Luc Brisson, "La 'matière' chez Platon et dans la tradition platonicienne," *Materia*. XIII Colloquio Internazionale, eds., Delfina Giovannozzi and Marco Veneziani, Firenze: Olschki, 2011, pp. 1-40.

理性与必然性的协作（69a-92c）

结论（92c）

《蒂迈欧》只考虑了两种原因：理性（aitia，原因）与必然性（sunaitia，辅助的原因）。我们的世界是最好的可能世界，因为它是理智的作品，这个理智必然是好的，总是站在真理一边，并将理智事物（即理念）作为自己的模型，即便它必须面对质料所代表的对抗性原则。

在柏拉图那里，我们必须区分 aitia（原因）的两重含义："一个是促成事物某一状态的动因，另一个是该动因由于什么促成这种状态。"[1] 第一种含义的关键在于确定产生某个结果的手段；而在第二种含义里，我们应该考虑的是，产生这种结果是为了什么目标。

根据第二种含义，aitia 指的是一种意图，它与 logismos（计算、推理）[2] 以及 pronoia（计划、预见）[3] 相联系。这可能带来两个结果：首先，不言而喻，aitia 的第二种含义只适用于首要原因（理智），因为次要原因（必然性）不具有理智；其次，只有

---

[1] Michael Frede, "The Original Notion of Cause," in *Doubt and Dogmatism: Studies in Hellenistic Epistemology*, eds. M. Schofield, M. Burnyeat and J. Barnes, Oxford: Oxford University Press, 1980, pp. 217-249, esp. pp. 222-223.

[2] 《蒂迈欧》33a6, 30b4, 34a8。

[3] 《蒂迈欧》30c1, 44c7, 45b1。

人类才能作恶，因为神与恶无涉（42d-e）。柏拉图先是确立了永恒存在者（即理智形式或理念）与生成之物（即可感之物）的区分（27d5-28a4），并重申了前提，即一切生成物都是出于某个原因生成的（28a4-5）。在这之后，他声称，这个可感世界是最美的事物，而它的塑造者是最好的原因（29a5-6）。他是神，或者说是灵魂之中的理智（46d4-7），他是好的，从不嫉妒，因此也不会出于害怕竞争限制自己的慷慨（29e1-2）。工匠神看着理智事物，他的意图就是让万物与他自己尽可能相似（29e3）。他将世界制造成唯一的、完美的生命体（33a6），这个生命体被赋予了由灵魂驱动的身体，而它的灵魂又被赋予了理智（30b4-c1）。工匠神的这一意图统领着所有恒星（40b4）与行星（38d7）的运动，虽然他并没有给后者具体的规定。至于人类，另一种生命体，我们也能在关于视觉的讨论之中找到相似的推论。神给予我们视觉，让我们能够观看宇宙，发现数字与时间，并且展开对自然的研究，如此一来，我们就能够践行哲学，思考星体运动中的恒常性与规律性，以便掌控我们自身灵魂的圆周运动（46e-47c）。正是这一意图（47a2, b6）解释了视觉的作用。①

---

① 全面的语法和语义研究可以证实这些结论：由 *hina*（31a8, 38b6, c4, 39d8, 41c3, 61d4, 88b7）、*hopôs*（30b5, 37b1, 40a3, 73a4, 77e3, 90a1）、*heneka*（39d7, 47c5, d1,74a7, 75d6, 76d1, d7）、*kharin*（33c1, 49b2, 72b7, c2, 75e2）、*dia tên aitian*（33a6, 38d7, 40b4）这些表示目的和结果的介词引导的结构，讨论的都是工匠神的意图。莱诺克斯（James Lennox）也指出，在《蒂迈欧》49-69 的部分见不到这些介词，因为这部分讨论的是必然性。

柏拉图因此站在了"多数人"的对立面，多数人认为，仅仅通过柏拉图所说的"辅助的原因"（*sunaitiai*，46c7, d1, 76d6）、"伴生的原因"（*summetaitia*，46e6）以及"次级的原因"（*deuterai*，46e2），这个世界的万物就能得到解释。这一类原因必须回溯到必然性（*anagkê*）上，在 khôra 接纳四元素时——无论这些元素是不是处于完整的形式中——会表现出不确定的运动，这种不确定的运动就是所谓的必然性。① 柏拉图将这些机械运动视作次级的原因，具有推理思维（*dianoia*）的灵魂可以掌控它们，然后它们就为理性所用（46c8-9），也就是被理性说服（48a2），因此，灵魂才是第一因（*aitiôtatê*，76d7）。辅助的原因被视为工匠神的仆从（*hupêretousai*），② 但没有辅助的原因，"就不可能领会神圣的原因自身"（69a1-5）；它们扮演着"材料"（timber，*hulê*）③ 的角色。这些原因虽然是次级的，但仍然十分重要，没有它们，理性与必然性之间的合作也就不复存在。机械运动被解释为缺乏统一性，因为不平衡而致（57e6-58a1）。④ 在 60e-61b，柏拉图解释了由土和水组成的物体如何解体。

---

① 《蒂迈欧》53a7-b7。

② 《蒂迈欧》68e4-5。

③ 《蒂迈欧》79a6-8。

④ 参见 Luc Brisson, "How and Why Do the Building Blocks of the Universe Change Constantly in Plato's *Timaeus* (51a-61c)?" *Plato Physicus. Cosmologia e antropologia nel Timeo*, eds., Carlo Natali and Stefano Maso, Amsterdam: Hakkert, 2003, pp. 189-204。

这就导致了普罗提诺给世界灵魂赋予了"组织动因"（organizing agent）的角色，从而让可感事物得以出现。然而，斯多亚主义者认为主动本原——理性（logos），直接作用于被动本原——质料（hulê），从而构成了宇宙。在这种情形下，我们如何避免像斯多亚学派那样，陷入完全的内在论（immanence）*呢？普罗提诺通过强调世界灵魂与理智、理智事物（即理念）之间的关系，做到了这一点。但另一方面，人工论完全是"沉思外在对象"这个概念的结果，这样一来，我们是否又要面临回到《蒂迈欧》那种人工论比喻的危险呢？一旦普罗提诺成功地避免了内在论的问题，他接下来就必须尽全力对付超越性带来的难题。

二、普罗提诺论世界的创造

在这个问题上，普罗提诺给出了一个具有原创性的解决方案，他糅合了斯多亚主义与柏拉图主义：世界灵魂将理智事物纳入自身，这里的"理智事物"并不是指在理智中全部同时存在的"理念"，而是指在灵魂层面以前后相继的方式存在的"理性"（logoi，reason），这些"理性"是"理念"的对应物。我们必须要理解，世界灵魂展现出两个面向。它包含一个高级的部分，通

---

* 指一切原因都内在于宇宙之中，不需要工匠神这样的外在条件。——校注

过这一部分，它沉思理智事物，并将它们纳入自身成为"理性"；而另一个较低的部分则在"理性"的帮助下整合质料，产生宇宙。我们因此可以把"自然"定义成世界灵魂较低的部分，这个部分借助它所包含的"理性"整合质料，在它之中制造出理念的印象，从而产生出这个宇宙。通过这一过程，在一个沉思过程的终点，自然会借助这些"理性"使可感事物与理念相似。

我们在上一章提到，普罗提诺从斯多亚学派汲取灵感。他试图解释，在理智之内的实在，如何一方面以理性的样态存在于灵魂之中，另一方面又能够在可感世界的构成中发挥作用。为了整体地理解这个过程，我们有必要再次粗略地回顾一下可感世界的构成。灵魂本体（hypostasis of Soul）以"理性"的样态将理念接纳进自身之中。而世界灵魂中次级的方面，即它的植物能力，将这些"理性"植入质料（hulê）之中。于是我们拥有了身体（sôma），或许可以将它形容为附着在 ogkos 上的一系列性质（poiotêtes），而所谓 ogkos，就是被赋予了一定大小（megethos）的一块质料。简而言之，身体就是由拥有特定大小的质料制作而成、并被赋予了某些性质的复合物；大小以及这些性质都是"理性"，因为归根结底，它们都是在物质之中发挥作用的形式 / 理念（enula eidê）。①

---

① 关于 logoi 参见 Luc Brisson, "*Logos* et *logoi* chez Plotin. Leur nature et leur rôle," *Les Cahiers Philosophiques de Strasbourg*, vol. 8 (1999), pp. 87-108 (reprinted in *Ontologie et Dialogue. Hommage à Pierre Aubenque*, ed. Nestor L. Cordero, Paris: Vrin, 2000, pp. 47-68)；关于 ogkos（转下页）

（一）论文 27 与论文 28

"自然"这个词第一次也是唯一一次以"实质"意义出现，是在论文 27（IV.3）的第 10 节，这里的语境是，与技艺有关的东西和与自然有关的东西，二者差别何在：

> 10. 在这番阐述之后，我们要回头看看什么事物始终处在同一状态中，并同时把握所有存在之物。比如气、光、太阳，又比如月亮、光、太阳，它们都是在一起的，但是它们之间有等级之分，有第一位、第二位与第三位。在这里，存在着始终牢固确立的灵魂，或者说第一位的事物，还有紧随其后而来的事物，就像一团火焰最后的几缕微光；再之后，在那最后者的基础上，第一位的东西被思考，就像从影子中思考火；接着，它也被同时照亮，就像一个形式，漂浮在一个起初是全然黑暗的背景之上。但根据理性的本原，它被安排得井然有序，因为灵魂在其自身之中，就潜在地拥有按照理性本原将事物井然有序地进行安排的能力，就好像种子里蕴含的理性本原会塑造和影响生命体一样，它们就像小小的世界。所有与灵魂相关的事物，都是按照灵魂实体（substance）所安排的方式产生出来

（接上页）参见 Luc Brisson, "Between Matter and Body: Mass (*ogkos*) in the *Sentences* of Porphyry," *International Journal of the Platonic Tradition*, vol. 4 (2010), pp. 36-53。

的。灵魂进行生产，没有任何出于偶发的考虑而做的决定，也无须等待深思熟虑或再三考量，否则的话，它就不是按照自然生产了，而是按照偶发的技艺。因为技艺是后于自然的，它效仿自然，只能产生出晦暗无力的模仿品，或者不值钱的玩具，尽管它为了生产出自然的印象已经使尽了花招。（论文27［IV.3］10.1-19）。

这里讨论的自然，与我们在之前的论文中看到的段落并不冲突：关键还是在于，自然是世界灵魂最后的力量或"部分"，而它又生产出一个产品，从而消耗殆尽。不过，这个关键点有双重的意义：首先，它处于一个宏大的流溢过程之中，这非常有力地提示出，灵魂在一片黑暗的阴影中耗尽了自己最后的力量，而这片黑暗实际上来源于那些首要的实在。火焰"最后的几缕微光"的源头正是原初之火，且它们是从其独一无二的源头——或者说本原——而来的。接着，如我们所期待的那样，普罗提诺详细地说明了作为自然的灵魂产生所有的身体和可感世界，并将其安排得井然有序的全过程。在这一过程中，灵魂借助它的理性（logoi），而logoi是自然生产的真正动因。关于这一点，第10节只是散布于论文27中的许多论述之一。普罗提诺已经在第4节（26-28）中附带地处理了这个问题，在这一段中，他并没有使用phusis这个词，而只是简短地描述了一"部分"世界灵魂"下降"的活动。

他这样说道：

> 既然这是世界灵魂，至少是其最低级的部分，它类似于一株巨大植物中的灵魂，毫不费力又悄无声息地确保了这株植物的组织。（论文 27［IV.3］4.26-28）

稍后在第6节，在区分个体灵魂（比如说我们这种陆栖生物的灵魂）与世界灵魂的语境下，普罗提诺解释了，为什么只有后者能够创造他物：

> 或许可以回答说，灵魂之间有所不同，因为那一个［世界灵魂］并没有离开整体灵魂，而是仍停留在上方，并让自己的身体环绕着它；而个体灵魂，因为它们的身体已然存在，它们就分有了身体。那个灵魂［世界灵魂］可以说是它们的姊妹，它拥有力量，好像已经提前为它们准备好了住处。此外还有一种不同：那一个［世界灵魂］沉思着理智的整体，而其他的只是沉思属于它们各自的、部分的理智。事实上，或许这些部分的灵魂本来也可以生产些什么，但是由于世界灵魂已经完成了创造，所以对它们而言就不再有这样做的可能了，因为世界灵魂是第一个开始的。这里容易提出类似的难题，即如果是其他灵魂占据了第一的位置呢？所以最好还是说，世界灵魂创造了

世界，因为它更为密切地依靠在上方的事物。那些更倾向于理智世界的事物拥有更大的力量，因为它们借由保持牢固确立而处在安全的位置上，所以更容易进行生产。事实上，不受自己产品的影响，正是更高力量的标志。来自上方的力量总是保持同一。因此这个灵魂在进行生产时保持自身的同一，而其他灵魂离开了原位，下降到事物之中。（论文27［IV.3］6.15-25）

普罗提诺又一次强调了连续性，它从原初实在，或者说"在上方的事物"而来，直到身体为止；这个连续性解释了，假如世界上的一件事物以某种方式受到影响，其他事物也会以类似的方式受到影响，也就是"共感"（sympathy）。这里又一次谈到，真正意义上的"流溢"（procession），或者说"下降"（descent），它的最后一步是由世界灵魂完成的。根据普罗提诺的看法，身体被赋予灵魂（animation，"激活"）有两重含义，我们必须在这二者之间做出区分：一方面是创造身体，这是世界灵魂的工作；另一方面是在身体的创造完成之后统领身体，这是个体灵魂的职责。因此，这些个体灵魂并不产生它们将要统领的身体，它们统领身体的方式就是赋予身体以生命。普罗提诺对这个过程局部的和历时性的（local and chronological）描述非常有趣，它说明产生身体还不是灵魂活动的最后一步。生产活动在个体被激活之前，在个体灵魂发挥自己的作用之前，世界灵魂已经从"更高的上方"生产出了所有的身体。此外，普罗提诺早在论文6《论灵魂下降进入身体》中就已经解释过，因为这些灵魂更进了一步，所以它们将面临堕落的风险。不过无论如何，世界灵魂中植物性的力量，即世界灵魂的自然，并不是灵魂活动的最后一步。自然与个体灵魂不同，前者的特殊性在于，它并不朝向自己制作的身体运动，而是保持在自身之内静止不动，之后的论文30（III.8）还会充分地回顾这一点。

与其说世界灵魂为了生产身体而"下降"，毋宁说世界灵魂有所"倾向"（inclines），它留在理智世界中未曾离开。此后，普罗提诺非常清楚地强调了，理智世界与可感世界之所以存在连续性的原因：前者生产后者，而这一生产的动因就是灵魂，这个理智实在既不需要离开自身的实在，也无须离开它所属的世界，就能够完成生产。如果说灵魂静止在理智世界之中，也足以作为整个可感世界存在的动力因，或者更准确地说，生产性的原因（productive cause），那是因为灵魂产生了物质并塑造了身体，这也就意味着，在灵魂与其产品之间，不存在丝毫留给其他居间者或中项的位置。至于"理性本原"，或者说"理性"扮演着什么样的角色，也应该在这个直接的生产关系中去理解，我们不该再试图赋予它们任何独立的、居间的存在性，实际上它们并不具有这种地位。整个可感世界都是由一个单一的动因产生出来的，通过赋予其产物以理性本原，这个动因将它们制作出来。在论文30

（III.8）之前，论文28《论关于灵魂的难题》的第二部分就已经提到了这个过程，并且最完整地描述了自然及其活动。

　　论文28讨论的主题是"自然"，论文讨论灵魂"下降到"身体之中以后，保留着怎样的记忆，普罗提诺在这里表达了他关于世界灵魂的看法。在这篇论文的第10-13节，普罗提诺问道：如果说宙斯就是世界灵魂的领导或主宰部分，他是否也拥有记忆？不出所料，普罗提诺又一次给出了否定的答案，人类优柔寡断，行事需要思量考虑，根据这种方式来设想世界灵魂的活动是不可能的。世界灵魂来自理智，和理智一样，世界灵魂也出于完全的必然性行动，从来不经历任何变化。这一点和医生不同，医生是从外面行动，常常陷入困惑；而自然的行动无须思虑——这么说的时候普罗提诺的口吻很像亚里士多德。然而，尽管普罗提诺的确按照亚里士多德的方式引入了自然的定义，但是这个定义所服务的主题，却与亚里士多德主义毫不相干：根据普罗提诺的看法，自然生产而不经历变化，它是智慧（*phronêsis*）的一个不动的印象。论文28的第11和12节的主体部分都用来论证这一点，在这里，我们来考察第11节的部分段落，以及整个第13节：

　　11. 管理宇宙就像管理一个生命体；一种管理是来自外部的，一部分接着一部分进行；另一种管理来自内部，根据一个本原发挥作用。比如医生，他从外部开始，一部分接着一部分进行，经常需要摸索和思虑；而自然则是从本原开始，完全不用思虑。对宇宙的管理，以及宇宙的管理者，在统领的问题上，必然不同于医生，而与自然相同。（论文 28［IV.4］11.1-7）

13. 对话者：但是，这样的智慧（*phronêsis*）怎么会与所谓的"自然"不同呢？

普罗提诺：不同在于，智慧在先，而自然在后。自然是智慧的印象，又因为它是灵魂之中最低的，所以在灵魂之中闪耀的理性中，它拥有的只是最低的理性。它就像一层厚厚的蜡，当印模压在它的这一面时，也会穿透到另一面；不过显而易见，这个印在上层的印模只会在底层留下一个模糊的印记。所以，自然不认知而只生产。因为它不过是将它所拥有的，给予了在它之后的事物，而无须在思虑之后选择这么做；它给予那有形体的、物质之物的就是产生它们（*poiêsin*），就好像被加热的东西会即刻在与它接触的事物上传递自己的形式一样，它生产出了原本就在它之中的热，只不过温度稍低。这就是为什么自然没有表象的官能（faculty of representation）。不过，理智比表象的官能更高。表象的官能在自然的印象与理智之间。自然既不具有对任何事物的感知，也不具有意识，而表象的官能则对从外部而来的事物有所意识，因为它给予了拥有表象之人获悉自己经历了何种受动（the affections he is undergoing）的能力。与之相反，理智自身就是一种下降，它是一种来自动因本身的活动。因此，理智拥有智慧，而宇宙灵魂则永远和一直接受智慧，它的生命就在于此；当它自身进行某种理智性活动时，那不断浮现的就是它的意识。而从它之中映射进质料的，就是自然，在自然之中，甚至在它之前，那真正的实在所止步之处，就是最低级的理智事物；从这里开始，除了模仿之外别无他物。事实上，自然作用于质料，并受它的影响，而在自然之先并接近自然的灵魂，不会受到行动的影响，至于那更高的实在，则既不对身体也不对质料行动。（论文28 ［IV. 4］13）

从这些段落中，我们至少可以得出四个要点：

第一，回顾上面提到的内容，普罗提诺以亚里士多德的立场为基础，就一种对《蒂迈欧》的阐释进行了反驳，这种阐释认为，工匠神即自然，是一位进行思虑的、人格化的神，或者是一个"进行沉思的"存在。不过普罗提诺进一步发展了这个亚里士多德式的、针对工匠神的批评，他同时对 *logoi* 与 *phronêsis* 两个词进行澄清，并主张（这一次既反对亚里士多德又反对斯多亚学派）自然必然不同于它的产品。自然既不与其产品同质，也不内在于它们，自然外在于其产品，且这些理性本原贯穿于身体之中。就像他之后在论文30中重申的那样，自然保持静止不变。在这一点上，就像我们经常说的，论文 27-29 没有给所谓的"普罗提诺式的命题"提出任何修正：自然既不是在身体之内发挥作用的运动或动因，也不是某种力量的动态展开。

第二，普罗提诺的意图在于强调自然与其产品之间的区别。当然，这二者之间毋庸置疑地存在连续性，但它们的区别也应该被保留下来。首先应当澄清的是，原因与结果是异质的，因为由灵魂产生的事物，要么不能够通过自身维系自身的生命（比如身体），要么根本就没有生命（比如质料）。当普罗提诺提醒我们，自然是一个灵魂，或者是灵魂的限定力量时，这种异质性就已经得到了最初步的确立；尽管自然是一个灵魂，它却不像它的产品一样，拥有形体。不过这个论证尚不充分，因为普罗提诺还可以说，身体仍然是属于灵魂的事物。论文 28 则更加明确，在第 11 节的开头尤其如此，这一节谈到了存在两种思想作用于世界的方式：一种是局部的、思虑性的；另一种则是本原的、直接的、永远拥有智慧的。前一种是个体灵魂的思想，特别是陆栖生物的灵魂，它们可以进行技艺性的活动——一种需要思虑的、外在于对象的活动。而另一种类型的思想属于自然，它是持续不断的智慧（28.11.13: *aei phronêseôs*），也是自然的生产过程的内在本原。在第 13 节，普罗提诺引入了一个困难的区分：自然从属于这个永恒而直接的智慧，也就是说，自然是这种智慧的印象（images）或表象（representation）（28.11.13.3: *indalma*）。不过普罗提诺特意强调，这个印象也是灵魂的一种力量；它不外在于灵魂，也不具有任何灵魂性（psychic）之外的本性。自然绝不可能是有形体的或物质性的：它与其产品不同。

第三，和先前提及的其他文本相比，第13节对自然的定义并没有什么新颖之处，但是它将我们之前找到的自然的种种特质都融合在了一起："自然是智慧的印象，又因为它是灵魂之中最低的，所以在灵魂之中闪耀的理性中，它拥有的只是最低的理性。"（1.3-5）在这一节稍后的比喻里，普罗提诺确切地将自然的地位界定为"宇宙灵魂活动的最终形式"。他用蜡做比喻，印章在蜡层上留下的印记会越来越不清楚。这个例子首先是为了提醒我们，自然即便只是世界灵魂仅余的、最弱的力量，它也还是世界灵魂。除此之外，这个例子也是为了说明，这一力量将灵魂所构想的"理性本原"分发给它的产物，而这个理性本原，就是灵魂沉思理智时，所看到的种种理智模型。在这个比喻之中，世界灵魂的理性功能构想出来的，以及世界灵魂的植物功能传送给身体的，都是这一个相同的理智之印。这个印章的例子，再加上模仿（mimêmata）这个术语，让熟悉《蒂迈欧》的读者很快意识到，普罗提诺是在给出自己对《蒂迈欧》的阐释。具体说来，普罗提诺试图通过 khôra，去解决可感世界的生成难题。他认为，我们必须区分最后的理智活动（也就是世界灵魂的生产活动）与可感事物之中的模仿。为了给这种区分一个本体论基础，普罗提诺将质料设想成一面镜子，它不同于灵魂和理智事物，灵魂将印象投射在质料上，质料以"有形"的方式将这个印象映射出来。普罗提诺就这样将柏拉图的反射比喻作为阐释的原则，把柏拉图的印模比喻与镜面反射的比喻合二为一。

第四，自然是一个生育者或者生产者，它生产后代或者产品。第13节说道，自然作用于有形的、物质的事物，给予它们一些东西。论文28的第18节又补充道，它给予身体的东西，就是"灵魂的影子"（1.7）。此外，第18节的前几行给出了 *phusis* 的新用法，似乎是指身体本身。普罗提诺提出这样一个问题：身体是否全然不同于灵魂，由灵魂赋予了它生命？随后给出了否定的答案：

> 不，身体自身之中就有灵魂与自然（*phusis*），它必然不像那无生命之物，也不像被照亮的气，而是像被加热的气。动物的身体和植物的身体都拥有某种像灵魂之影（shadow）的东西，正是由于与这样的身体结合，对疼痛的感受、肉体的欢愉才会浮现。（论文 28［IV.4］18.4-8）

在这里，*phusis* 既不是指身体，也不是指灵魂，而是指第三种事物，它是从灵魂之中显现出来的，当灵魂附着于身体时，这种事物就已经在身体之中了，而且是专属于身体的：它就是普罗提诺所说的身体的形式（*eidos*），或者说身体的理性本原（*logos*）、外形/形状（*morphê*）。第20节他又一次使用了*phusis*一词，用来指那由（世界）灵魂给予身体，且专属于身体的灵魂性事物。这一次，他看起来并没有区分世界灵魂最终的力量和它给予身体的灵魂自身的印记。普罗提诺具体地说明了个体灵魂感受官能所处的地位，他称之为"那靠近身体的灵魂，也就是我们所说的'自然'，就是那给予印记之物"（28［IV. 4］20.15-16）。这里所说的印记显然是给予身体的，使身体与灵魂联结。这个*phusis*或印记远非灵魂的对立物，不像质料那样没有任何规定性，身体就其本性而言就拥有它，它是灵魂性实在的印象或痕迹。这样使用*phusis*不免有些模糊不清，但是它让我们意识到，我们正处在可感世界与理智世界最精确的，甚至最密切的那个交汇点上。"自然"指称了灵魂最后的显现与力量，同时也指称了这一力量所生产的事物：灵魂在它有形的产品中留下的印记。

因此我们应当区分三个词，其中两个是同名异义的：（1）灵魂最后的力量被称作"自然"；（2）"身体"是这个"自然"的产品；（3）身体的"自然"，也就是属于身体的理性规定性，它是第一种"自然"的印记或印象。因此，*phusis*就是身体的自然，它既不是质料，也不是身体的灵魂性本性。第20节在处理欲求的问题时说明了灵魂与身体的关系，它补充了下面这段论述："自然是一个事物，由自然产生的个别身体是另一个事物，因为自然先于被产生的身体，而且通过创造和安排，它生产了个别的身体。"这一节的末尾还指出，自然"如同母亲"，将自己与灵魂上升的欲求联系起来，当灵魂退却时就制止它。

论文 28 提醒读者，自然产生了身体，唯有在这里，我们才有可能为自然的这一定义进行辩护，即自然是一种专属于身体，且内在于身体的力量。然而，如果要让这个定义成立，还必须阐明一个前提：身体之内存在一个非物质性的组成部分，它既是身体规定性的原因，又是身体各种运动的本原。在身体之内，自然既是规定性，又是理性的结构。通过这种方式，自然可以同时指称一种活动以及这种活动的结果：它既是灵魂最后的力量之活动，也是这一活动在身体上产生的结果。普罗提诺的 *phusis* 是一个 *natura naturans*（能动的自然），或者说，通过不断在身体中产生印象、印记以及活动的映射，它是一个从未停止实现自身的过程。普罗提诺也将这样一种灵魂力量的理性印记称作 *logos*。在论文 30 讨论 *logoi* 的地位时，普罗提诺也讨论了自然，在那里他再一次表达了这种观点。

（二）论文 30（III.8）

因其在学理上的完整与综合，论文 30 非常有名：它的语言带着确信，是描述式的，并且清晰地提出命题。它的目标是总结性的、带有教学色彩，论文 26（III.6）对流溢过程中的 *logoi* 的讨论，以及论文 28（IV.4）对世界灵魂的讨论都精确而复杂，论文 30 的论证则有所不同。

相较前面几篇论文，这篇论文更易于理解。它涵盖了全部实在，从身体与质料直到太一，而且格外简明：所有来自太一的实在都进行沉思与生产活动。除了这种综合性（如果不是概要性）特征之外，这篇论文之所以如此著名，还因为它包含几个专论自然的章节，更因为第 4 节对自然提出了著名的拟人化理解。仅凭这些，我们可以将它命名为"论自然"吗，或者说，对自然提出了特别的见解吗？假如将其中的论证与描述，同先前那些论文进行比较，我们恐怕很难给出肯定的答案。

许多现代研究者都强调，在这篇论文中，普罗提诺给出了对自然最完整的论述。这一点没错。但是他们往往没有注意到，这个论述中的许多要素，实际上都是先前的论文提出来的。论文 30 所描绘的自然，在之前就已经被勾勒出来了，就算说论文 30 没有提出任何新东西也没错。但另一方面，它将这些"回忆"同对另一个主题的阐述与辩护结合在了一起，这个主题的范围远比"自然"更为广阔，它涉及从太一而来的所有实体。所有沉思的事物，以及对自然的描述与拟人，都从属于这个主题，这才是这篇论文的新颖之处。因此，唯有在沉思（*theôria*）的主题之下，我们才能够领会这篇论文赋予 *phusis* 的地位，并理解其卓越的言辞。所以，我们的目标就在于理解，为什么"自然"可以作为普遍的沉思活动最适合、最有启发意义的例子。

论文 30 的第 3 节阐明了一个极具普遍性的主题,这个主题涉及所有实在,它就是"生产",普罗提诺认为它"作为一种沉思而向我们显现"(3.1.20-21)。在某种程度上,这个论题证成了这篇论文初始的命题,即万物都在沉思。尤其是,它证成了这种沉思活动的重要性:即便实在的生成不是出自于沉思本身,也是沉思的结果。因此,在论文 30 的开篇和第 3 节,普罗提诺为沉思活动赋予了严格的本体论意义。一方面,一切存在皆沉思,这样一来,沉思就成为所有存在共有的活动;另一方面,沉思产生了所有的存在,在这个意义上也可以说所有存在者都进行沉思。这样沉思活动在各个方面都被赋予了极高的重要性,这种重要性在普罗提诺的哲学前辈和同时代人中都从未有过。下面是第 3 节的全文:

对话者: 然而,当它(自然)生产时,以及当它以这种方式生产时,它怎么能够达到一种沉思状态呢?

普罗提诺: 如果它在生产时保持不动,即在它自身之内保持不动,而且如果它是一个理性本原,那么它自身必然就是沉思。由于行动显然不同于理性,因此行动可能会符合理性。然而,理性本身,伴随着行动并监管着行动,不可能是行动。所以,如果它不是一个行动,而是一种理性本原,它就必然是沉思。而且，对所有理性本原而言，那最后一个从沉思而来的，就它被沉思而言，也是沉思。至于先于自然的理性本原，它是完全的，要么它就不像自然，而是一个灵魂，以另一种方式是沉思；要么它就在自然之中，就是自然。

对话者：然而，这个理性本原难道不也是沉思的结果吗？

普罗提诺：是的，它完全是沉思的结果。

对话者：但是如果它沉思自身呢？这如何可能呢？因为它是沉思已经完成的结果，是某个已进行沉思的东西的结果。那么，自然是以什么样的方式拥有沉思的呢？

普罗提诺：它当然不是作为推理结果的沉思。所谓"作为推理结果"，我是指去研究沉思之中有什么。

对话者：但是为什么它不应该拥有它呢，既然它是一个生命，一种理性本原，一种生产性的力量？这是因为研究还不意味着拥有吗？

普罗提诺：但自然确实拥有，而且正因为拥有，它才生产。对它而言，它之所是就在于生产，生产与它之所是乃是同一个意思。然而，自然是沉思，也是沉思的结果，因为它是一个理性本原；因此，既然它作为沉思、沉思的结果、理性本原，那么它就通过作为所有这三者进行生产。所以，在我们看来生产就是一种沉思，因为生产就是沉思保持沉思而不做其他任何事情的结果，但它生产，因为它就是沉思。（论文 30［III.8］3）

这一章的开头，将我们在先前论文中遇到的各种理论要素都汇集在一起，其中部分内容刚刚在论文 30 的前两节提到。本质上，这些理论要素就是普罗提诺在下面这句话中集中提到的三点："如果它（自然）在生产时保持不动，即在它自身之内保持不动，而且如果它是一个理性本原，那么它自身必然就是沉思。"自然生产的三个特点中，第一个就是直接性。与各式各样的人工论、工匠论不同，自然进行生产无须借助任何"手段"。如果它在保持不动的情况下进行生产，即在自身之内保持不动，而且如果它是一个理性本原，那么它自身就必然是思虑性的或技艺性的沉思。自然保持不动，它不朝向任何东西运动，也不运用任何事物。自然生产的第二个特点就是在生产时保持不动，这就意味着，当它生产时，完全不会受到生产活动的影响，也不会受到产品的影响。普罗提诺预设了一个柏拉图式的论题，即理智活动不会受到可感事物的影响，前者是后者的原因。但是在这里，从生产和流溢的角度来看，普罗提诺又与柏拉图截然不同，普罗提诺希望同时强调以下两点，并认为它们并不互相矛盾：灵魂这种理智实在完全地生产了可感实在，既包括质料也包括身体；而这个生产过程对灵魂毫无影响。我们要格外留心这种说法，因为它点明了普罗提诺赋予沉思的重要性。自然生产的第三个特征，在这里说得较为隐晦，它关于自然作为理性本原（logos）的地位。他之前在第 2 节已经处理过这个问题，理性本原在"动物和植物"中进行生产，所以在"基底"（substrate）之上提供了它的存在所依赖的理性规定性。之后，普罗提诺断言道，不需要在自然与理性本原之间再做区分。因此，我们可以这样理解：自然为基底提供理性本原，也就是提供了多种多样的规定性与构造，从而产生了各种生命体的身体。

从这三个特征里可以得出一个结论，即自然"是一种沉思"。这个结论和先前那几个特征一样，也具有普遍性，整篇论文都在印证这一点，它意味着，我们在此处就世界灵魂的植物功能所说的，对于世界灵魂更高级的理性功能也同样适用，对理智亦然。这三者都被定义为这样的生产者：无需借助中介、保持不动、作为理性本原进行生产。我们也可以说，这三种实在都是沉思：在前文中，我们已经将这一点与一个本体论命题联系在一起。严格来说，一切存在的皆是沉思：我们甚至可以说，存在就是沉思。论文 30 印证了这条公理，它强调说，那已死去的、晦暗的，或者灵魂产品之中位列最末的，就不再能够沉思和生产了（并且严格说来，就不存在了：2.1.30-34）。在另一个方向上（好像逆流而上），沉思停止于那制造一切的绝对充实者，它无可沉思。这显示了沉思的另一个特质，也就是第 3 节说的"自然确实拥有沉思，而且正因为拥有，它才生产"（1.16-17）。沉思恰好将两种活动合而为一：生产（它紧随沉思而来，且无法与之分离）和接受。存在物之所以得以存在，得以被规定，得以成为普罗提诺所谓的

logos 或"理性原则",就在于它从本原中接受了一种完善,普罗提诺将其称作充盈(repletion)或满盈(plenitude)。因此,论文30强调了,沉思活动绝不仅仅是一种静观,而且也是一种接受的能力。在这一番阐释之后,普罗提诺终于可以说"所有真正的实在都从沉思而来,也都是沉思"(7.1-2)。我们应该这样理解它,即这一生产包含了所有来自太一的实在,从太一流溢出来的所有等级,直到那不能生产、不能沉思也不存在的事物为止。通过这种方式,就可以理解,普罗提诺所混同的沉思与生产,对他而言就是流溢的展开本身。一个完美的实在进行生产,而它的产物则反过来沉思它;这个进行沉思的产品达到了某种完善,而这种完善使得它也可以进行生产,如此继续下去。

将沉思定义为接受与生产,给予了沉思一个本体论的地位(凡存在者都沉思),以及极为关键的理论意义。对普罗提诺而言,重点就在于讲清楚流溢的各种样态。在这里,我们先前所提的问题仍未解决,即在这个宏大的理论综合体中,自然究竟扮演什么角色?我们感到疑惑,为什么自然是一个特例,以及为什么在某种程度上,它是"万物皆沉思"这个论题的起点?

更进一步,我们会注意到普罗提诺坚持强调生产的不动性与直接性。这是答案的起点:普罗提诺为一种必然而直接的流溢辩护,它不会受到任何阻碍,也不需要借助任何辅助来延续。同时,他还意图表明,每一个实在都从自己的来源那里成功地接受了理性的本原，它们都按照这一接受到的本原来构成自身。本原的衍生物对于本原的接受，就被称为沉思，衍生物尽其可能、力所能及地接受它的本原。根据产品沉思（也就是接受其本原）的方式，它就以一种特定的方式被规定。这使得普罗提诺可以主张本原是保持不动的；换言之，产品以哪种方式被规定、有何种表现，并不由本原负责。自然之所以在这一理论中处于特别的地位，是因为普罗提诺想要为某个实在的"美"进行辩护（11.1.29），这个实在就是可感世界整体。普罗提诺说，这个世界是世界灵魂的产品，即理性的产品，因此世界接受了理性固有的美；但与此同时，他也解释道，其中未能被这样规定的事物、或者已死去的事物、耗尽的事物，都是出于它们自身的无能而失败，并非生产者的失败。

很显然，对于普罗提诺而言，要想理解这一论证，就必须弄清楚可感世界的最后一个层级，也就是自然，因为只有在涉及自然实在（即处在生成与毁灭之中的实在）的时候，理性或理智才变得不确定或者有缺陷。但是，不同于诺斯替教徒之类对这个世界持拒斥态度的人，普罗提诺不认为可感世界的不稳定性来自生产者的错误与过失，或者归咎于世界灵魂。应当为最后的失败与缺陷负责的，是进行接受与沉思的主体。除此之外，自然在这个论证中占有特殊的地位，还因为普罗提诺希望给予"流溢"一种本体论的重要性，因而凡是存在者，无一物在它的影响之外。这里的关键就在于，世界也进行沉思，它并不缺乏思想和完善，那些轻视它的哲人和宗教信徒都是错的，因为他们没有理解到，产生了世界的流溢是一以贯之的，它使得这个世界也在某种意义上拥有理智。此外，甚至更为重要的是，普罗提诺的目的在于，要为"存在与思想同一"这一论题提供一个绝对的基础。普罗提诺常提到巴门尼德（Parmenides）的箴言："存在与思想同一"（8.1.8），这句话宣告了实在整体的理智特征，也赋予普罗提诺的理性主义与观念论（idealism）以某种绝对的气质。正如论文 30 所说的，通过观察围绕在我们身边的实在，那些动物和植物，我们就能意识到这一点。自然就足矣：它自身的存在已经证明了存在与思想的同一，但是相比较而言，这个世界的完善更应该归功于思想。

第三章 普罗提诺论灵魂

在普罗提诺那里，灵魂是从另一个本体（*hupostasis*）流溢而来的本体，① 那个本体或实体是灵魂的原因，它就是理智，而理智又依赖太一。灵魂可以区分为普遍的（或整全的）灵魂和个体的灵魂，而个体灵魂又分为世界灵魂和人类灵魂。接下来我们就来分别讨论这几种不同的灵魂。

一、普遍的灵魂

普遍的或整全的灵魂（*hê holê psukhê*）总是居于理智世界之内。整全的灵魂也就是传统中所说的灵魂实体。而所有其他的灵魂，包括世界灵魂与人类灵魂，都附着在这个灵魂上，这个灵魂是唯一的，也会永远保持唯一。而个体的灵魂是统一的，形成了单一的灵魂，直到它们像一道光一样被投射出去到达地表，在那

---

① "本体"是普罗提诺用来指实在的等级的一个术语，参见《论三个原初本体》（论文 10［V.1］）以及《论认识本体与超越者》（论文 49［V.3］）。

之前都没有分割。

世界灵魂（hê psukhê toû pantos）生产并管理身体。为了对这一过程有一个整体的理解，我们需要大致回顾一下宇宙的构成。灵魂将诸理念/形式（eidê）接纳进自身，这些理念以理性原理（logoi, rational formulas）[1]的样态存在于理智之中。世界灵魂较低的部分，即它的植物性力量或"自然"，将这些"理性原理"传递给质料（hulê）。于是身体（sôma）就出现了，身体实际上就相当于一系列性质（poiotêtes）附着在一个 ogkos 上，也就是一片被赋予了大小（megethos）的质料之上。[2] 简而言之，身体就是一个由质料组合而成的复合物，它具有一定的大小，并被赋予了一些相关的性质。这些大小和性质也就是"理性原理"，[3]即质料中的形式（enula eidê）。在诸种身体中，有一些是无活力的（inert），[4] 另一些可以说是"活的"（或"生物"），它们受到一个"植物性"灵魂的推动，而这个植物性灵魂附着在世界灵魂

---

[1] 这里将 logoi 翻译为"理性"（reason）或"理性原理"（rational formulas）。

[2] 关于这一点参见 Luc Brisson, "Entre physique et métaphysique. Le terme ógkos chez Plotin, dans ses rapports avec la matière (húle) et le corps (sôma)," in Études sur Plotin, ed., Michel Fattal, Paris: L'Harmattan, 2000, pp. 87-111。

[3] 关于这一点参见 Luc Brisson, "Logos et logoi chez Plotin. Leur nature et leur rôle," Les Cahiers Philosophiques de Strasbourg, vol. 8 (1999), pp. 87-108。

[4] 在严格的意义上，"理性"的出现意味着，在它之下一切都是有灵魂的，即便难以察觉。

的低级部分上。①

在所有的生物之中，人类占据了一个特别的位置。和诸神以及精灵不同，人类的身体是可以毁灭的，它们的构成元素和其他生命体没有什么不同，但是人类的身体却受到数种灵魂的影响。他们被赋予了植物性灵魂，这给予他们生命；这个灵魂直接依赖世界灵魂，负责身体的滋养、生长与繁殖。父亲通过精子传递植物灵魂，精子一进入子宫，就产生胚胎。等到出生的时候，一个更高级的灵魂，会将自己和那个激活胚胎的植物性灵魂结合在一起。通过它自身的一个"部分"，也就是理智（nous），这个灵魂留在了上界。简而言之，人类灵魂是复杂的，它的一部分留在了理智世界之内，另一部分则下降到植物性灵魂之内。②

灵魂从理智坠落，它穿过天空，来到了地面和冥府（哈德斯），但下降的灵魂是能够再次回到它所来之处的。这个下降的灵魂构成了我们的"自我"，③ 它的相对卓越决定着我们的命运，即它的道德倾向决定了它在一个严格的报应系统之中获得何种位

---

① 关于普罗提诺灵魂的普遍性问题，参见 H. J. Blumenthal, *Plotinus' Psychology*, Hague: Martinus Nijhoff, 1971。

② "哪一个灵魂是我们称之为神圣的，是凭借它我们才是我们之所是的那个灵魂，还是从宇宙那里来到我们这里的那个灵魂？"（论文 27［IV.3］27.1-3）关于这个问题参见 P.-M. Morel, "Individualité et identité de l'âme humaine chez Plotin," *Les Cahiers philosophiques de Strasbourg*, vol. 8 (1999), pp. 53-66。

③ 关于这个问题参见 G. Aubry, "Un moi sans identité? Le *hèmeis* plotinien," in G. Aubry and F. Ildefonse eds., *Le moi et l'intériorité*, Paris: Vrin, 2008, pp. 107-112。

置。因此，在讨论记忆的时候，我们不能将知识论的方面与伦理学的方面相分离。① 位于下界并与植物性灵魂联系在一起的人类灵魂，和同一个灵魂下降之前或再次上升之后，存在着好几种关系。有的时候它们是统一的，就像在地面时的生活一样，而有的时候它们是分离的。因此，我们必须去探寻这个神圣灵魂的各个阶段，既包括它朝向理智的上升，也包括它的下降。关于每一个灵魂，以及关于灵魂的每一个阶段，我们都要提出普罗提诺花了大量篇幅来讨论的记忆问题。②

二、人类的灵魂③

人的灵魂是一个复杂的存在，这不是说灵魂同身体一样包含着部分，因为灵魂本身是无形体的，而是说当灵魂位于不同的"场所"，进行不同的活动时，它展现出多种不同的"功能"。

人类灵魂保持着与理智的联系，即便当它在地上与植物性灵魂联系在一起时也是如此，这个植物性灵魂赋予身体以生命，它就是世界灵魂最低的部分。下降的灵魂不停在这两个界限之间摇摆：有机体（或生物）与理智。

---

① 所有涉及 *diathesis*（倾向或性情）的东西都与这个现象有关。
② 参见论文 27（IV.3）28；论文 28（IV.4）5。
③ 关于这个问题参见 Blumenthal, *Plotinus' Psychology*。

人类灵魂通过自身的一个部分，也就是与理智相对应的、所谓的"未下降的灵魂"，留在理智世界中；而"下降的灵魂"（它附着于一个有机体，即一个拥有植物性灵魂的身体）也能够触及这个理智世界。在下降的过程中，人类灵魂在天上时，将自己与一个由 pneuma（普纽玛）①制造的容器结合在一起；在更低的世界，它与一个尘世的身体结合。所以，我们必须区分人类灵魂中的两个方面。一个是较低的灵魂，它在下降的过程中，将自己与一个容器结合在一起。而在地上，这个容器和一个有机体联系在一起，也就是一个被自然（世界灵魂较低的部分）激活的身体。当这个灵魂重新上升时，较高的灵魂才切断了与较低的灵魂的联系。

（一）感觉②

灵魂未下降的部分，也就是它的理智，同理智世界保持着恒久而直接的联系。而下降的灵魂与理智世界的联系则是暂时的，以对于可感个体的感觉为中介。与亚里士多德和斯多亚学

---

① 非物质的身体这个看似矛盾的概念，是普罗提诺从斯多亚主义那里借来的，经过了重新阐释。

② 另一种不同的分析方式参见 E. K. Emilson, *Plotinus on Sense-perception: A Philosophical Study*, Cambridge: Cambridge University Press, 1988. 这种心理学的分析方式应当被放回到它的形而上学语境之中。

派相反，普罗提诺认为感觉（aisthêsis）具有两方面的特点：它不仅仅是下降的灵魂与有生命的身体所组成的复合物的一种受动（pathos），它还是一种思考的行为。因此，灵魂在感觉过程中既是被动的又是主动的。它将自己向外投射，去把握宇宙之中的对象，即便这些对象距离灵魂非常遥远。当灵魂感知到一个物质对象，灵魂就按照可感存在的方式将它生产出来，因为灵魂领会了宇宙灵魂据以生产物体的理性原理，也就分有了这个宇宙灵魂。在论文29（IV.5）中我们注意到，这一感觉理论同共感（sumpatheia）的概念相联系，它保证了世界这个生命体的灵魂与身体互相统一；它还保证了不同种类的灵魂之间的相互作用。换言之，通过感觉，实际上灵魂也感知印象（impressions），但切不可把这里的"印象"仅仅视作物质性的印记，它指的是理智在世界灵魂之中确立的"理性原理"（论文27［IV.3］26.29-34）。

与感觉相联系的是，由世界灵魂较低部分安排在质料之中的形式（enula eidê）；假如可感物处在灵魂之中，那么灵魂就没有向外观看的必要了。为了在灵魂与身体之间架设桥梁，普罗提诺诉诸感官。他重新提起这条原则：知识总是以相似的形式出现，因为相似的事情总为相似者所知。这也是灵魂永远不能认识质料的原因：因为质料缺乏一切可感的性质（论文12［II.4］10），处于完全没有确定性的状态（论文12［II.4］12.26-33）。事实上，性质（poiotês）才是感知的对象，质料完全缺乏性质，因为性质与形式（*eidos*）相对应，它作为"理性原理"出现在可感事物之中。感官感知到事物，① 灵魂识别出其中的形式，这样我们就能够理解，灵魂是如何在这个过程中保持不变的（论文 26［III.6］2.32-37）。因此，一旦灵魂与身体分离，它就不再能够知晓可感对象（论文 28［IV.4］23.3-35）。进一步讲，如果灵魂成功地辨认出这个世界中的事物的形式，不是仅仅作为形式，而是作为感官感知到的理性原理，这恰恰说明灵魂同理智世界保持着联系。

（二）表象②

在可感物中认识到的理性原理并不直接传递给推理的思想（*dianoia*, discursive thought，或推理的理性、推理），而是需要以一个官能作为中介，它的活动不仅涉及可感物，同时与理智事物相关。

在世界中，关于某个对象的感觉是分散的，依赖五种不同的感觉。所以，将它传递到推理需要一个统合的步骤。普罗提诺提到了一种对欲求有所意识的内在感觉能力，一种宣示受动的感

---

① "我们必须假定，对于灵魂或生物而言，对感觉对象的感知是一种理解的活动，灵魂了解到附着在身体上的性质，并且得到了它们的形式的印象。然后，灵魂就会要么独自进行理解，要么和其他东西一起理解。"（论文 28［IV.4］23.1-3）

② 关于这个问题，参见 E. W. Warren, "Imagination in Plotinus," *Phronesis*, vol. 16 (1966), pp. 277-285。

觉：这个能力有时会被称作"意识"（*sunaisthêsis*，consciousness，即"共通感"）。① 此外，*parakolouthêsis*（注意力，attention）被用来指在感官机能的每一次运用时都伴随其中的那种认识。*sunesis*（领悟，comprehension）同时与前面两个词联系在一起，它指对于这个过程的整体视角，和意识的含义类似。事实上，通过重构这一通向领悟的灵魂过程，主体就能够将自己同他所知道的那些可感世界中的对象区分。这个活动的结果，就是一个由感觉感知的对象的印象（image），即它的表象（representation）。换言之，直到灵魂的表象官能（*phantasia*）产生出关于对象的印象（*phantasma*），感觉才是完整的。换言之，知觉（*antilêpsis*）中断了感觉过程，将它以一个稳定的印象固定下来。

不过，这种表象官能也能够形成思想的印象：

对话者：但是，是什么记住了思想（*dianoêseôn*）②？那种产生印象的能力（*to phantastikon*）也记住了这些吗？

普罗提诺：如果印象（*phantasia*）伴随着（*parakolouthei*）③

---

① 关于这个问题，参见 E. W. Warren, "Consciousness in Plotinus," *Phronesis*, vol. 14 (1964), pp. 83-97; F. M. Schroeder, "*Synousia, Synaisthesis* and *Synesis*: Presence and Dependence in Plotinian Philosophy of Consciousness," *Aufstieg und Niedergang der römischen Welt* II, vol. 35 (1987), pp. 677-699。

② *dianoêsis* 与 *dianoêma* 都译作"思想"，它们指推理（*dianoia*）及这种活动的结果。

③ "伴随"这个词指的是意识。

每一个理智活动（*noêsei*），而这一印象（*phantasias*）如果也留存下来，就像一种思想（*dianoêmatos*）的图画（*eikonos*），以这种方式，就可能存在关于已知事物（*gnôsthentos*）的记忆（*mnêmê*）；①但如果不是这样，我们就需要去寻找其他解释了。②或许，产生印象的能力（*to phantastikon*）是用一种言语的表达（*logou*）来接受对象，③这种表达伴随着理智活动（*noêmati*）。④这个理智活动没有部分，而且可以说，它也没有敞开来，而是待在难以窥见的内里，但理性原理（*logos*）展开自己的内容，并且将这个内容从理智活动带到产生印象的能力中去，这样，就像在一面镜子中（*hoion en katoptrôi*）一样展现出理智活动，知觉、留存（*monê*）与记忆就是这么来的。因此，即便灵魂总是驱向理智活动（*aei kinoumenês pros noêsin*），但唯有当它来到产生印象的能力之中，我们才知觉到它。理智活动（*noêsis*）是一回事，理解（*nooûmen men aei*）是另一回事，但我们并不总是理解我们的活动（*antilambanometha de ouk aei*）；这是因为，那用以接受它的，不仅仅接受理智活动（*noêseis*），另一方面也接

---

① 这个未被普罗提诺接受的论题是亚里士多德在《论记忆》1.449b31 中提出的。
② 接下来的这种解释就是普罗提诺所接受的。
③ *logos* 在这里非常难翻译。我们似乎正在讨论一种内在的话语（*logos endiathetos*），这是一个斯多亚学派的概念，普罗提诺对它做了调整。这种话语会描述与灵魂之中的理智形式（*eidos*）对应的 *logos*。
④ *noêsis* 与 *noêma* 指的是理智活动及其结果。

受感觉（*aisthêseis*）。（论文 28［IV. 3］30）

与亚里士多德不同，普罗提诺并不认为每一个理智活动都有对应的印象。理智活动是一个一次性被整体给予的直观，必须在理性原理（*logos*）之中开展，理性原理表达理智活动，从而将它展开成一段话语，印象就来自于此。所以，在镜子的比喻中，可能存在着没有印象的理性内容，但是没有理性内容的印象则不可能存在。正是这个由表象官能塑造出来的印象，构成了将在记忆之中留存的表象；这里的情形与感觉活动相对应。我们的处境同先前讨论感觉时十分类似。进行理智认识是一回事，知道自己在进行理智认识是另一回事；而这就是理性表象的起点。

（三）记忆[①]

记忆保存的不是物质性的印象而是表象，这种表象同时来自感觉和推理。理智没有记忆，因为在它那里不存在过去这样的时间（论文 27［IV.3］25.10-45）。所以，记忆是灵魂的活动。但它与柏拉图意义上的回忆毫无关系（25.27-34）；也与植物性灵魂无关，植物性灵魂只是解释了为什么身体是有生命的有机

---

① E. W. Warren, "Memory in Plotinus," *Phronesis*, vol. 15 (1965), pp. 252-260 ; L. Brisson, "La place de la mémoire dans la psychologie plotinienne," *Études platoniciennes*, vol. 3 (2006), pp. 13-27.

体。此外，由于下面两个原因，它也不能被简化为灵魂与身体的结合：首先，灵魂拥有关于理性活动的记忆（16.1-18）；其次，身体常常表现出对记忆的阻碍（26.24-56）。因此，记忆仅仅与下降的灵魂有关。但是，在这种情况下，我们能否认为，灵魂的每一个官能都拥有自己的记忆呢？普罗提诺的回答是否定的（论文27［IV.3］28）。每一个官能都保留过去的印记，但仅仅是以倾向（disposition）的形式保留，而不是以记忆的形式。

感觉需要身体与灵魂的结合，然而记忆却不需要身体，至少不是直接需要（论文27［IV.3］26.1-25）；身体的状态可能确实会影响记忆的质量，但这本身并不能论证记忆需要身体，因为这种影响是间接的（论文27［IV.3］26.50-56）。此外，对于那些专属于灵魂、完全不涉及身体的活动，灵魂也可能会留下记忆（论文27［IV.3］26.34-50）。由于普罗提诺对感觉的看法不同，所以他反对亚里士多德和斯多亚学派的观点，即记忆就是在灵魂（无论灵魂有无形体）之中囤积与保存物质性的印象，这种印象就像有大小的物质性印记。① 换言之，记忆所保存的并不是理智活动

---

① "首先，印象不是大小；它们也不像印章、压印、印戳，因为不存在推力，这一点和蜡的例子不同，它的方式更像思考，即便是思考可感事物。但是，在思考的活动中，存在着什么可以称为压印的东西呢？以及，它有任何必要以物体或者物体的性质作为伴随物吗？"（论文27［IV.3］26，29-32）克吕西普（Chrysippus）的追随者们认为，记忆是对"表象的囤积"（*thêsaurismos phantasiôn*）。参见塞克斯都·恩披里柯：《驳学问家》VII.372.5-374.5。

本身，也就是说不是一次性被整体给予的直观。理智活动是以一种印象的样态被唤起的，其中包含着区别与划分，就像在推理中那样。简单地说，在每一个记忆中，记忆都像感觉，拥有双重的面向，一面对着可感事物，另一面则对着理智事物。这种观点会带来一个奇怪的后果：根据可感面向和理智面向的不同，每一个感觉都必然会留下两个印象，而记忆则不得不将这些印象全部留存下来。普罗提诺接受了这个后果，即便它是反直觉的。①

事情在这个层面上变得复杂起来，因为我们必须区分附着在有机体（即生物）上的灵魂与能够和它分离的灵魂——即与身体结合之前，或离开身体之后的灵魂。此外，在地上的生活里，这两种印象互相混杂，无法区分。当下降的灵魂将自己从可感事物中解放出来时（论文28［IV.3］32），它在诸多印象之间进行选择，只将那些在道德上正当的印象保留下来。当它获得解放时，就将那些不纯粹的印象统统抛弃；当它下降时则恰恰相反，重新实现那些以潜能方式持续存在的印象。简言之，这两种类型的印象并非互不相干，本性上更高的试图净化较低的印象。

（四）推理的理性

为了在下降进入身体、运用感官的灵魂，与未下降的灵魂（即

---

① 论文28（IV.3）31澄清了这个问题。

理智）二者之间建立联系，另一种活动至关重要，它就是推理的思想（*dianoia*）。① 推理的理性（*to dianoêtikon* 或 *to logizomenon*）是人类在可感世界所能够运用的最高官能，尽管它通过理智仍与理智世界保持联系。在指称与身体结合的灵魂所具有的最高官能时，普罗提诺似乎并没有在 *to dianoêtikon*，*logizomenon* 与 *logistikon* 之间做出明确的区分；在指这一官能的活动时也是如此，他没有强调 *dianoia*，*logismos* 与 *logos* 之间的区分。

推理的思想（*dianoia*）在下面两点上不同于理智（*nous*）：理智是直观的，而理性则需要进行推理；理智与理智形式（*eidê*）不可分离，而推理的思想必须通过理智活动的直观和感觉，才能被理性（*logoi*）充盈，因为它本身是空的：

> ……那里的理智（*nou ekeinou*，也就是真正的理智），不是根据对我们自己所谓的理智进行类比想象出来的那种（*tous par' hêmin legomenous noûs*，也就是人类推理的思想），我们的理智从前提之中获得内容，它们能够理解前提、用推理的方式进行思考、思索接下来的步骤，它们思索实在是一个推理过程的结果，尽管它们也是理智，但是在进行推理之前并不拥有实

---

① 这一节的讨论从拉沃的文章中受益良多，参见 L. Lavaud, "La dianoia médiatrice entre le sensible et l'intelligible," *Études platoniciennes*, vol. 3 (2006), pp. 29-55。

在，在学习（*mathein*）之前，它们是空的（*kenous*）。那里的理智（也就是真正的理智）与这种理智不同，它已拥有了一切事物，它就是一切事物，当它与自身同在时，它也与一切事物同在，它无须去获得就已经拥有了一切。（论文 51 ［I.8］2.9-15）

和理智不同，推理的理性能够反观自身，并知晓自身。此外，推理的理性总是处理外在于它的对象。在这个意义上，推理的理性或许应该被视作是下降灵魂的理智，因为真正的理性并未下降。

不过，那充盈推理理性的 *logoi* 又是从何而来的呢？根据其面向的是可感事物还是理智事物，推理理性进行相应的活动。

1. 认知（recognition）

推理理性的认知活动是关于表象或印象的，它一方面来源于感觉（论文 27［IV.3］29），另一方面来源于推理理性（论文 27［IV.3］30，论文 49［V.3］2.7-9）。

我们先来讨论来自感觉的推理理性。推理理性通过较低的部分处理感觉的资料。它的活动是"批判性的"（critical），这里用的词是 *krisis*，意思是"判断"，这个词被用来强调感官（sensation）与纯粹感觉（perception）的区分。我们感觉到可感世界中的事物是因为它们有数量和性质，这些理性原理（*logoi*）与形式（*eidē*）

联系在一起。共同感觉（*koinê aisthêsis*, the common sense）将来自数种感觉的资料合并在一起，如果共同感觉不将这些感觉之间的关联呈递给推理去进行批判性的判断，共同感觉就可能出错。推理思想利用从辩证法借来的划分与组合方法，对感官提供的资料做出判断（*epikrisis*）：

> 首先，我们应该考察灵魂，我们是否应该承认它拥有关于自己的知识，在它之中究竟是什么去知道，它是如何知道的。我们马上就可以说，它的感觉部分（*to aisthêtikon*）仅仅对外在事物有所知觉；对于发生在身体之内的事情，虽然存在着一种伴随性的意识，但即便在这里，这种理解仍然是关于某种外在于知觉部分的东西；它靠自身知觉着身体之内的种种经验，但灵魂之中的推理性能力（*to d' en autêi logizomenon*）根据呈现给它的来自感觉的印象（*para tôn ek tês aisthêseos phantasmatôn parakeimenôn*）做出判断（*tên epikrisin*），将它们合并（*sunagon*）或划分（*diairoûn*）……（论文49［V.3］2.1-9）

简言之，推理认知感官的对象，对它们做出判断。推理理性考量的并不是物理性的印象，而是精神性的印象，或者说是感觉到的物体的表象（*phantasmata*）。这一影像的持存，就构成了记忆，它通过一个协同过程（harmonization），让我们意识到本身外在于时间的理智活动（*noêsis*）（论文 27〔IV.3〕30.5-15）。推理理性将从感觉而来的精神性的印象，即保留在记忆中的表象，作为自己的对象；而这些留存在记忆中的表象都是"理性原理"（*logoi*）。推理理性正是基于这些理性原理做出判断、发展论证，并应用辩证法的两个环节——划分与组合。

下面我们再来看看指向理智世界的推理理性。推理理性也能够思考那些来自感觉之外的信息，尤其当它思考美、正义或善好这些普遍的问题时。事实上，推理思想也拥有理智所拥有的东西，只不过拥有的方式不同。理智（*nous*）拥有同时存在的理念／形式（*eidê*）的直观，而推理则在分析之中展开 *logoi*，这也可以被说成是"印记"（*tupoi*），即 *logoi* 在灵魂中对应的东西。这就是那个著名的意象，它在关于理性与形式的语境下，引出了灵魂话语和有声话语的对比。推理理性将原本在理智之中统合在一起的东西划分开来，这些在理智王国同时发生的事情，在推理理性中按照顺序发生。"理性原理"（*logos*）仍然是一，就如同它所对应的形式（*eidos*），当它被反射在表象活动（*to phantasikon*）中时，就像在镜子中接受感觉，这时它就展现出了多重的面向（论文 46〔I.4〕10.6ff.）。

推理理性也将理智事物作为对象，但并不是理智事物本身，而是它们的印记，即作为"理性原理"（*logoi*）的理智事物。这些理性原理被以印象或表象的形式保存在记忆中：

> 至于那些从理智到它这里来的事物（*ek tou nou iontôn*），它观察到的就是我们会称作印记（*tous tupous*）的东西，它也具有相同的能力，来处理它们……（论文49［V.3］2.10-11）

和感觉一样，所谓"从理智而来的印记"就是理性原理（*logoi*）。这就使得普罗提诺有机会提出一种新的回忆理论，其中假定了一种协同的形式。推理理性将来自感觉的 *logoi* 与遗留在灵魂之中的理智事物联系起来。

2. 协同

推理理性不断用两种类型的对象填充自身，一种具有理智的源头，另一种则来自感觉。无论哪一种，推理理性都不通过直观运作，而是需要表象，并将它与 *logos* 相联系，作为理智形式的印记（*tupos*）。这之所以可能，是因为推理理性基于理智所处理的，与表象基于感觉所提供的，是同一个 *logos*。

推理理性通过感觉与表象的中介，从可感事物之中得到的 *logos*，这是一种不断更新的经验的结果。而与理智形式对应的 *logos*，则始终存在于理智之中。因此，推理理性的目标就在于，通过对感知到的可感对象进行认知，也就是把感觉新感知到的 *logos*，与这个感觉对象所分有的理智形式对应的 *logos* 联系在一起，从而完成感觉的过程。推理理性将感觉新提供的印记，与理智所知觉到的理智形式的印记结合在一起。最终，推理理性对可感实体的认知只能以判断为中介实现，而判断则依赖对理智形式的知觉。比方说，某人看见苏格拉底，就在他身上认识到人这个物种的表象。这是一种新的思考回忆的方式，也对应着一种新的定义记忆的方式。

> ……它继续获得理解，就好像它在认识新的、新近到来的印象（*kai sunesin eti proslambanei hôsper epiginôskon tous neous kai arti hêkontas*），并使它们与那些早就在它之中的事物相互协同（*kai epharmozon tois en autôi ek palaiou tupois*）①：这个过程，就应被称作灵魂的"回忆"（*anamnêseis tês psukhês*）。（论文49 [V.3] 2.11-14）②

在柏拉图的《美诺》和《斐多》中，回忆就是灵魂将感觉材料与它曾经观看过的理智形式联系起来，那个时候灵魂与身体分离，在天上跟随着众神的歌队。普罗提诺的目的在于，要在从感觉而

---

① 根据 L. Gerson, *Plotinus,* London: Routledge, 1998, p. 180 的看法，这些古老的印记并不是理念的印记，而是感觉的印记；参见拉沃的反驳：Lavaud, "La dianoia médiatrice entre le sensible et l'intelligible"。

② 对这一文本意义的讨论，参见 Lavaud, "La dianoia médiatrice entre le sensible et l'intelligible"，他提到了 B. Ham 的解释和 E. K. Emilson, *Plotinus on Sense-perception: A Philosophical Study*, Cambridge: Cambridge University Press, 1998, p. 144 的立场。

来的"新的"*logoi*与理智安置在灵魂之中"旧的"*logoi*之间建立联系。普罗提诺与柏拉图的进路之间存在明显的不同,但是在某种意义上,普罗提诺仍然忠于先师。推理理性的目的在于对*logoi*做出判断,其中包含认知的环节与协同的环节,这个判断在它自身之中与回忆相一致,因为它通过将*logoi*与对应的形式联系起来,从而实现了*logoi*。

这就是普罗提诺在论文30(III.8)16.18-30中所做的解释。波斐利在他的《章句》中,这样评论道:

> 灵魂包含了一切事物的理性原理,并且作用于它们,(仅当)要么是受到某些外在因素的刺激而去实现它们,要么是引领自身而内在地指向它们。当它受到外在刺激从而指向外部时,就产生感觉;而当它朝向理智的方向时,就处在理智认知(intelligizing)的过程中。(波斐利:《章句》16.1-7)

回忆就是灵魂在此世将已有的知识再次实现出来,[①]这样回忆就可以被看作一种记忆:"至于它的活动,古人将'记忆''回想'之类的词用于将已有之物实现出来的灵魂。所以这是另一种记

[①] 关于这个问题参见 J. McCumber, "*Anamnesis* as Memory of Intelligibles in Plotinus," *Archiv für Geschichte der Philosophie*, vol. 60 (1978), pp. 160-167。

忆；这个意义上的回忆并不涉及时间。"（论文 27［III.3］25.31-34）我们需要注意，推理理性并不是直接地重新发现形式，而是以它自身包含的 *logoi* 为中介，这是形式所留下的印记（*tupoi*）。① 然而，这并不是唯一一种记忆。普罗提诺关于未下降的灵魂的理论，彻底改变了柏拉图在《美诺》《斐多》和《斐德罗》② 中的回忆概念。

认知和谐同，也可以发生在两个感觉材料、两个个体之间，比如有人看见了苏格拉底，并将他等同于自己从前遇到过的苏格拉底：

> 感觉看见一个人，并将它的印象传递给推理理性。推理理性会怎么说呢？它此时还什么都不能说，只是知道而已，并停留在这里；除非它询问自己"这是谁？"如果它以前曾遇见过这个人，并使用记忆作为帮助，它就会说，这是苏格拉底。（论文 49［V.3］3.1-5）

在这里，我们处理的并不是在一个理智表象的基础上再次激活理智表象的问题，而是对过去某段可感经验的再次激活。

---

① 关于理性通过 *logoi* 的中介对理智事物的重新获得，参见 J. Pépin 关于《章句》16.2 的长注释：Porphyre, *Sentences*, II., ed., L. Brisson, Paris: Vrin, 2005, pp. 457-470。

② 比如参见论文 2（IV.7）10.30-35。

三、同一性与记忆

每一个与身体结合的灵魂,同一性都寓于记忆之中。让我们来看看这是为什么。

(一) 人类灵魂

和柏拉图一样,普罗提诺也认为,灵魂是一个在理智世界和可感世界之间穿梭的存在。这里产生了一个问题,在这些不同的阶段中,灵魂分别保留了哪些关于过去的东西?要回答这个问题,我们必须坚持,记忆归根结底并不仅仅是知识的活动,它还是一种知识的附属物。我们一定要牢记这一原则:"灵魂就是而且将成为它所记忆的东西。"(论文 28 [Ⅳ.4] 3.4-5)

1. 下降到身体中的灵魂

在论文 28(Ⅳ.4)第 3 节,普罗提诺从柏拉图《斐德罗》的核心神话中汲取灵感,描述了灵魂一个部分的下降:

如果它从理智世界出来,① 因为它无法忍受统一性,而是

---

① 这一节解释了灵魂一旦离开理智世界,记忆马上就回到灵魂中去。关于灵魂个体化带来的悲剧,参见论文 6(Ⅳ.8)4.11 ff. 与论文 10(Ⅴ.1)1.5 ff.。

去欣然接受自己的个体性，希望与众不同，可以说它把头伸了出来，于是它似乎就这样获得了记忆。对理智世界中事物的记忆仍阻拦着它的坠落，但是关于下界事物的记忆却拽着它下落；关于天上之事的记忆使它停留在那里，通常而言，那就是而且将成为它所记忆的东西。我们已经知道（论文27［IV.3］29.31），记忆不是思考就是表象；表象出现在灵魂之中，不是因为灵魂拥有它，而是因为灵魂看见了它，于是便倾向于它（it is so disposed）；① 而如果它看见感觉对象，它的下沉就与它所看到的东西成比例。因为它以一种次级的方式拥有所有事物，而非以完美的方式，② 它成为所有事物，由于它是属于两个世界边界的事物，并占据着相应的位置，所以它会朝两个方向运动。（论文28［IV.4］3）

在灵魂的一部分坠落进入地上的身体之前，灵魂对理智事物沉思的质量，决定了它朝向可感世界的下降。和柏拉图一样，普罗提诺也认为灵魂会移动：它从理智世界下降（它自身的一个部分其实从未离开那里），暂时寓于一个地上的身体，它还可能继续下降到冥府，也可能重新上升，回到它来的地方——理智世界。波

---

① 由于表象的对象是理智或感觉所给的，所以表象的对象外在于它自身。在后面几句话中，我们会发现，这种倾向（diathesis）也具有道德色彩。

② 和理智不同，它拥有的是"理性"，而不是形式／理念。

斐利的《章句》29对这种灵魂的徘徊进行了很好的总结。

在朝向可感世界下降时，灵魂被装进了数个容器，① 灵魂所保留的关于理智世界的记忆减缓了它的下降。到达地上之后，这个下降的灵魂就可以运用记忆，一方面，因为灵魂不像理智，它与时间相连，也就是与现在、未来、过去相连；另一方面，灵魂也不像身体，后者不断变化，而灵魂具有真正的稳定性，② 这也是灵魂的同一性之所在。当下降的灵魂与身体相连，就会体验快乐、痛苦、愤怒的情感，并且运用感觉、表象，尤其是推理。记忆因此也与这些层面相关，所以记忆拥有两个面向，一个可感的，一个理智的。在死后，灵魂有可能会进一步下降，去往冥府，也有可能上升回到它的源头，理智世界。

在轮回的语境中，灵魂必然会在某个时刻再次下降，重新回到身体中去。那么再次下降时，我们的灵魂又拥有怎样的记忆呢？就像我们已经说过的那样，正是记忆使得灵魂是其所是，也是记忆控制着灵魂的下降。对理智世界的记忆阻止灵魂过分沉沦，而对可感世界的记忆则使得灵魂更加确定、更加快速地下降（论文28［IV.4］4.7-13）。灵魂甚至有可能获得前世的回忆（论

---

① 参见 Stéphane Toulouse, "Le véhicule de l'âme chez Plotin: de la réception d'une hypothèse cosmologique à l'usage dialectique de la notion," *Études platoniciennes*, vol. 3 (2006), pp. 103-128.

② "由于记忆是一种稳定的状况，那么身体变动不居的本性，就必然是遗忘的原因，而不是记忆的原因"（论文27［IV.3］26.52-54）。

文 27［IV.3］27.16-18）。当灵魂开始与理智世界分开时，记忆就回来了，尤其是关于区别于理智事物的自身的记忆，关于它不再能够看见的理智事物的记忆，以及它所靠近的、关于天上或地上生活的记忆。记忆就像这种下降灵魂的一种功能，回归到灵魂之中，这些灵魂不能保持沉思，而是关心身体。① 普罗提诺指出，最危险的记忆，就是那些无意识的记忆——在他看来，有可能在未意识到（mê parakolouthounta）的情况下拥有记忆（论文 28［IV.4］4.8）。如果灵魂又一次拥有了这些记忆，那是因为它们在理智世界中就已经潜在地拥有了这些记忆（论文 28［IV.4］2）。

2. 灵魂与地上身体的分离

当灵魂与身体分离时，它还能够保留前世的记忆吗？下面这条原则给了我们答案：灵魂就是或者会变成它所记忆的事情。记忆不是纯粹的沉思和知识，而是意味着一种附属，就像上文提到的普罗提诺在论文 28 第 3 节中解释的那样。这个答案因此有赖于宗教和道德方面的考量。和柏拉图一样，普罗提诺也相信冥府和轮回。② 根据前世的表现，灵魂会去往冥府或者轮回成为某种

---

① 参见论文 28（IV.4）2，以及 R. Dufour, "Actuality and Potentiality in Plotinus' View of the Intelligible Universe," *Journal of Neoplatonic Studies*, vol. 9 (2004), pp. 214-215。

② 参见 See J. Laurent, "La réincarnation chez Plotin et avant Plotin," in *l'Homme et le monde selon Plotin*, Paris: ENS, 1999, pp. 115-137。

生物（论文27［IV.3］8.5-9，论文15［III.4］2.11 ff.）。假如灵魂之中没有任何关于前世的记忆，那么它怎么可能留有前世的印记（这些印记正是审判灵魂的依据）呢？从这个角度看，记忆就是一种带有报应系统的伦理学的基础。说得极端一点，灵魂就是自己关于过去的记忆。但是，所谓的净化就是要失去个体性，从而同其本原——先是理智，最终则是太一——相融合。

对话者：但是记忆属于哪一个灵魂呢？是那个我们认为更神圣的，① 我们通过它而成为我们自己的，还是那个来自宇宙的？②

普罗提诺：或许我们必须说，这两种记忆都存在，有一些是专门的，有一些则是共有的。③ 当两个灵魂在一起时，它们的所有记忆也相互同步；但是如果它们都存在，但是保持分开的状态，每一个灵魂都会拥有一段较长时间的它自己的记忆，和较短时间的关于另一个的记忆。无论如何，关于冥府的赫拉克勒斯的影像——我想，我们也应该将这个影子当作我们自

---

① 我们的个体性就在于这个下降的灵魂，在这里，它与植物性灵魂清楚地区分开。下降的灵魂与未下降的灵魂，也就是理智，保留着联系；所以个体性的问题仍然存在。参见论文38（VI.7）5.21 ff.。

② 关于植物性灵魂，参见论文38（I.5）18-21。

③ 对每一个灵魂而言是专门的，但是对二者而言是共有的。

己——记得他活着的时候曾做过①的所有事情，因为生命首先是属于这个影子的。而至于其他复合的灵魂②也同样，只能谈论这一生的事情，它们自己知道它曾经历的，是不是与正义相关的事情。③但是荷马没有告诉我们，那个真正的赫拉克勒斯说了些什么，那个没有影子的赫拉克勒斯。④如果另一个灵魂得到解放并单独存在时，它会说些什么呢？只要这个灵魂拖着"这个事情"，⑤它就会说出此人曾做过的、经历过的一切事情。

但随着死后时间流逝，关于其他事情的记忆，将从它的前生之中浮现，因此它甚至会带着轻蔑抛弃这些记忆。因为它从身体的污染之中变得更加自由⑥，它将再次在自己的记忆中仔细审查，即便它此生不曾拥有这些记忆⑦；但是如果它走出去，存在于另一个身体上，它又将谈论它外向生活中的种种事情⑧，以及它刚刚离开的东西，还有许多关于它前世的事情。但是到时

---

① 从这里开始，文本的问题变得数不胜数。
② 就我的理解，to sunamphoteron（复合的灵魂）指的是灵魂与身体的复合物。
③ 降生的灵魂只能记得它们在这个世界所做的活动，以及后果正义与否。
④ 在我看来，aneu tou eidôlou（没有影子）这一表达指的是灵魂的下降部分，它已经朝向理智世界上升，并且不再与地上的身体或者气与火相连。
⑤ 身体由土、气、火构成。
⑥ 通过将自身与身体分离开；参见《章句》32 中关于净化德性的章节。
⑦ 对理智实在的视觉，尽管它没有身体。参见《斐莱布》34b11。
⑧ 我跟随现有抄本，将 tou exô biou（外向生活）理解为 tou biou exô sômatos（外在于身体的生活）。

候,它会遗忘许多从外面而来、发生在它身上的事情。①

对话者: 当它单独存在时,它会记得什么呢? (论文 27 [IV.3] 27.1-24)

在这段话中,普罗提诺发现了一种关于下降的人类灵魂的双重性理论的表达,也就是在下降的灵魂自身(它可以自己存在)与居住在身体中的下降的灵魂(该身体可以被视作一个有机体)之间的双重性。我们里面有两个灵魂:一个灵魂是纯净的;另一个灵魂则是共有的,它附着在身体上。

通过对赫拉克勒斯故事的寓意解读,② 普罗提诺描绘了这个情形。根据《奥德赛》第六卷中对召唤死者的描述,奥德修斯召唤的其中一个影子就是赫拉克勒斯的,但是荷马十分谨慎地强调,这只是赫拉克勒斯留在冥府的一个影像,他的真人同诸神在一起(《奥德赛》XI.601-604)。赫拉克勒斯是一位英雄和半神,他是诸神之王宙斯与凡人阿尔克墨涅(Alcmene)的儿子。在普罗提诺看来,那个留在冥府的赫拉克勒斯就是赫拉克勒斯人类的部分,在他的系统中对应着"下降的灵魂",它因为同身体结合

---

① 这个 *tôn epaktôn*(发生的事情)看起来指的是,作为身体的后果而发生在灵魂上的所有事情。

② 关于在普罗提诺著作中的赫拉克勒斯形象,参见 J. Pépin, "Héraclès et son reflet dans le Néoplatonisme"。

而下坠，植物性灵魂将它激活。而作为神，留在天上的赫拉克勒斯，就是那未下降的灵魂，它可以同身体分离，并上升回到它的本原。

下降的灵魂可以拥有两种记忆，一种是专门性的，来自理性活动；另一种则是共有的，来自感觉，而感觉的前提是灵魂与身体相结合，并为植物性灵魂所激活。要想知道真正的灵魂，那个朝向理智世界的灵魂，就必须与可感世界相隔绝，就好像去除了遮蔽的藤壶之后，海神格劳库斯（Glaucus），才能露出真颜。

（二）朝向理智世界的上升

在死亡的时候，从宇宙中来的植物性灵魂，将重新回到它的源头——世界灵魂；① 而那个更高的灵魂则试图上升回到理智中去。

如果在之前的生活中，下降的灵魂由于和身体相连而变得沉重，那么它将落入冥府。在其自身之中，单纯的灵魂是没有过错的；恶的产生来自下降到身体之后，神圣灵魂受制于激情，从而与低级灵魂结合在一起。

而倘若这个灵魂成功地解放了自己，就会上升回到自己的源头——理智世界。当人类灵魂与其寓居的身体分离时，它保留着

---

① 参见论文 28 的第 29 节。

前世的记忆。而当灵魂上升，并净化自身时，它就从那些可感记忆中可感的一面中脱离出来，只保留其中理性的一面；如果灵魂继续下降，那么情况就颠倒过来。所以，正是可感记忆的负担拽着灵魂下到冥府，就像赫拉克勒斯的影像那样，而理智的记忆则给下降的灵魂在理智世界中保留了一席之地。然而，一旦灵魂来到理智世界，它就不再拥有任何关于先前生活的记忆了（论文28［IV.4］1.1-10），原因很简单，在理智世界中不可能有任何记忆。

（三）其他灵魂

这个视角可以帮助我们回答，宙斯（他可以被看作是工匠神与世界灵魂）、天体以及精灵，能否拥有记忆。

1. 宙斯：工匠神与世界

关于宙斯是否有记忆的问题很难回答，因为它涉及宇宙论领域中一个非常重要的议题。"宙斯"这个名称同时被用来指两个实体，在《蒂迈欧》中，柏拉图分别将它们称为工匠神和世界灵魂。如果说工匠神拥有关于其活动的记忆，那么就意味着否定世界的永恒性，这种永恒性与轮回的不断相继有关。他没有记住它的必要，因为他制作它们的行动是唯一的（论文28［IV.4］10.1-6）。

至于世界灵魂，一切都取决于它的行动如何被表达。如果认为这个灵魂像人类工匠一样行事，经过思考，一个部分接一个部分地行动，那么也就必然认为它拥有记忆。然而，在世界灵魂中，生产活动与其产品的多样性之间存在着一种非常紧密的联合，以至于没有给记忆留下任何空间（论文 28［IV.4］10）。这意味着，在世界灵魂之中，神意（Providence）与自然（Nature）之间存在着同一性；普罗提诺支持的一定是这个立场，①因为他将世界灵魂的活动与在空气中光线的活动进行类比。宙斯被同时视为工匠神和世界灵魂，他没有记忆就会带来下面的推论：世界没有开端，可感事物的生产发生在一个持续的过程中，在某种意义上，这种过程是自动的。

2. 天体

那天体呢？根据以下两个原因，它们是没有记忆的。第一，既然记忆仅仅关于过去之事，那么天体不能记忆过去之事，因为它们的生命是永恒的，过去对它们而言没有任何意义（论文 28［IV.4］7.6-12）。第二，它们也不需要记住昨天所在的位置，因为在它们的旋转中，区分不出任何经过的点（论文 28［IV.4］8.1-8）。因此天体没有记忆（论文 28［IV.4］8.34 ff.），因为它们的知识并不涉及时间和空间上的划分。如果说星星看起来对人类采取了某

---

① 在论文 28（IV.4）的第 12、13、14 节。

个行动,回应了人们的祈祷,这是凭借共感(sumpatheia)实现的,我们可以将它理解为唯一的灵魂和世界身体之间的交互,它本身也是唯一的(论文 28 [IV.4] 42)。因此,不能简单地、彻底地否认星象学,但是它被消解在了共感之中。①

3. 精灵

精灵是不朽的,他们能够拥有记忆:

> 但是精灵本身,他们的非理性部分也不能避免受到影响;那么他们拥有记忆与感觉,会受到适合于他们本性的魔法的蛊惑,也就是难免的了,他们对下方事物愈关心,他们离下界事物也就愈近,愈能聆听那些向他们的祈祷。(论文 28 [IV.4] 43.13-16)

就这样,魔法得到了一定的解释,但是它适用的层级是非常低的:它仅针对植物性灵魂。如果能够借助在未下降的灵魂层面上的沉思与推理理性,智慧之人完全可以抵御魔法的影响。②

---

① 参见 Luc Brisson, "The Philosopher and the Magician (Porphyry, *Vita Plotini* 10, 1-13). Magic and Sympathy," in *Antiken Mythen. Medien, Transformationen und Konstruktionen,* Fritz Graf zum 65. Geburtstag, ed. U. Dill and C. Walde, Berlin/New York, de Gruyter, 2009, pp. 189-202。

② Ibid.

普罗提诺在处理记忆问题时，并没有将自己限制在认识论之内。他的兴趣范围要广泛得多。这就是为什么论文 27（IV.3）25-29、论文 28（IV.4）17 用大段篇幅来讨论灵魂在宇宙中向上或向下的旅行。记忆使得灵魂能够留存下它对可感事物和理性事物的活动，从而成为人类道德的基石。就世界而言，记忆同世界灵魂低级部分的运行模式相联系，因此，记忆也与宇宙论相联系。而记忆的在场或缺失，也可以用以解释诸神、精灵的反应和态度；所以记忆也与星相、魔法的领域相关。

总结一下，下降的灵魂所具有的个体性，是由它的记忆决定的。关于理智事物的沉思的记忆，在灵魂下降的过程中引领着它；而关于前世在身体之中的种种有形经验的记忆，则令灵魂沉重，阻碍灵魂朝向理智世界上升。在普罗提诺那里，无论是在离开身体之后还是之前，灵魂的命运始终与记忆密切相连。

第四章　普罗提诺论身体中的灵魂：以愤怒为例[①]

前一章探讨了普遍意义上的灵魂以及人类灵魂的结构。这一章我们来继续挖掘人类灵魂同某个身体的结合。普罗提诺写作的时间比柏拉图晚了五百多年，他不仅将亚里士多德与斯多亚学派的灵魂学说考虑在内，还参考了当时最新的关于神经的生物学发现。他关于"愤怒"的讨论就是说明这些变化的一个绝佳例子。

一、柏拉图

普罗提诺是柏拉图主义者，他希望对柏拉图保持忠诚，但不可能事事如此。让我们来看看这是为什么。

[①] 简短的版本参见 Luc Brisson, "Plotinus, and the Tripartition of the Soul in Plato: Anger as an Example," *Platonic Inquiries: Selected Papers from the Thirteenth Annual Conference of the International Society for Neoplatonic Studies*, eds. Claudia d'Amico, John F. Finamore, and Natalia Stroke, The Prometheus Trust, 2017, pp. 33-39。

在《蒂迈欧》中助手们将工匠神制作的灵魂放置到身体之中：

他们（即工匠神的孩子们）模仿他：在得到了灵魂的不朽之源后，他们接下来将它包装进一个球形的、有朽的身体中，并将整个身体都给它作为容器。在身体之中，他们也为另一种灵魂，即有朽的灵魂，准备了另一个家，这种灵魂之中包含着那些虽令人生畏，但却必然的混乱：首先是快乐——邪恶最有力的诱饵；其次是痛苦——它促使我们逃离善好的事物；除此之外，还有鲁莽与恐惧，二者都是愚蠢的军师；还有愤怒的意气，它难以缓和；还有引领我们走向迷途的期盼。他们将这些同非理性的感觉以及极度危险的欲望融合在一起，这些混乱是必然的，但他们忌惮这些混乱会污染神圣的灵魂，因此为有朽的灵魂在身体之中另辟了一个家园，远离另一个灵魂。他们在头和胸之间建造了一个地峡作为边界，然后将有朽的灵魂包裹在被称作躯干的地方。由于在有朽灵魂之中，一部分自然优于另一部分，他们就将躯干的中空部分分为几段，就像将女性区域和男性区域分开一样。

他们将膈膜放置在中间作为分隔。有朽灵魂中展现勇敢与意气的那个部分，也就是爱荣誉的部分，被他们安置在靠近头部的位置，在膈膜与颈部之间。这样它就能听见理性，并同理性一起用强力去制约欲望的部分，防止后者在任何时候明目张胆地拒绝服从理性的卫城中发出的命令。心脏将血管联结起来，血液从中涌出，带着强健的脉动传遍身体所有的部分，他们将心脏作为守卫室。这样一来，意气一旦奔腾漫溢，它就会向理智报告，身体中有些部分正有不当的行为在发生——有一些是从外部而来的，有一些则是源自内部的欲望——通过那细小的血管，每一个具有感觉的身体部分都会敏锐地察觉到劝告或威胁，于是就能够完全地服从。以这种方式，它们之中最好的那个部分就得以掌权。

……

这部分灵魂有对吃、喝以及其他所需要之物的欲望，考虑到身体的本性这部分被放置在膈膜与肚脐之间的区域。在这个地带，他们打造了一个类似食槽的东西，来负责身体的营养供给。他们将灵魂这个同野兽相类的部分放在这个低下的位置。这个部分的确野蛮，但是要想有朽的族类活命，他们又不得不将它和其他部分维系在一起。他们把那个位置给了它，以便保持它在躯干之中的供给，又使它尽可能远离那做决策的部分，让它发出的扰攘和噪声尽可能轻微，好让那高级的部分在安宁之中决策，对于部分和全体而言什么是有益的。（《蒂迈欧》69c-71a）

理智（nous）这个神圣（to theion）、不朽（athanaton）的本原，

被放在头部，通过颈部与身体的其他部分分开。有朽的那一种（*to thnêton*）被放在胸腔中，① 膈膜对这个部分做了再次划分，意气（*thumos*）位于心脏的区域，而肝脏则是欲望（*epithumia*）的区域。灵魂的不同部分就这样被安放在身体的不同区域，但是这些身体区域绝不是这些灵魂部分活动的原因。

意气占据了理智与身体之间的居间地带；它将理智的指令传递给欲望，同时也将身体之中出现的危险信息传递给理智。欲望负责与营养供给、生殖相关的需求。

在感觉过程中，究竟传递了什么？感觉对象在身体或感觉器官之中引起的运动，看起来就是在此过程中唯一被传递的东西。但是，因为无论感觉对象还是感觉器官，都是由四元素构成的，四元素又来自四种多面体，而这些多面体又来自两种原初的直角三角形，所以产生感觉的运动类型取决于这些数学对象的结构、数量和速度。

血液将可感的 *pathêmata*（受动、性质）传遍身体，② 灵魂的非理性部分，意气与欲望首先得到信息，接着是理性部分，它

---

① Luc Brisson, "The Mortal Parts of the Soul, or Death Forgetting the Body," *Inner Life and Soul: Psyche in Plato*, eds. M. Migliori, L. M. Napolitano Valditara, and A. Fermani, Sankt Augustin: Academia Verlag, 2011, pp. 63-70.

② 详细的讨论参见 Luc Brisson, "Plato's Theory of Sense Perception in the *Timaeus*: How it Works and What it Means," *Proceedings of the Colloquium in Ancient Philosophy*, vol. 13 (1999), pp. 147-176。

用命题的形式做出判断，比如，"它是令人愉悦的，或令人痛苦的"，"它是不正义的，或危险的"，并对其他部分发出命令："通过那细小的血管，每一个具有感觉的身体部分都会敏锐地察觉到劝告或威胁，于是就能完全地服从。以这种方式，它们之中最好的那个部分就得以掌权。"（《蒂迈欧》70b）人体内就进行着这样一种往复运动。

血液将可感的性质（pathêmata）传递给位于心脏区域的意气。如果这则信息包含着一些不正义的、令人痛苦的东西，血液就会沸腾，理智就会获悉这一问题。接着，理智会将一个恐吓的影像送至肝脏，以控制欲望：胆汁会令肝脏收缩弯曲，而其他的时候则不会管它，这部分灵魂平时处在温柔的睡梦中。

> 神格外周密地进行设计，他构造了肝脏放在灵魂这部分的寓所之中。他将它做成一个紧实、光滑、明亮、甜苦相间的东西，这样从理智传递下来的思想的力量，就能够映在上面，就像映在镜子上一样，这面镜子接受影像并反射可见的影像。无论在什么时候，只要理智思想的力量使用肝脏中适宜份额的苦，通过严厉的命令震慑它，它就能够震慑这个部分的灵魂。通过将苦注入整个肝脏，它就将胆汁的颜色投射到它上面，使肝脏起皱、变粗糙、弯曲、收缩，并阻塞其容器及入口，从而造成痛苦和恶心。相反，温和的想法会绘制完全相反

的图画，让肝脏从这苦楚中得到喘息，而不会搅扰它，也不会引发与肝脏本性相反的变化。这时，它会用肝脏自然的甜味，将肝脏变得舒展、光滑、自在如初，也使得寓居在肝脏周围的灵魂祥和有序，即便在夜里也循规蹈矩，尽管它不分享理智，也无法理解，它通过梦来践行占卜预言。(《蒂迈欧》71b-d)

这个过程非常简单。血液将来自诸感觉的信息汇聚在一起，然后将它们传送给理智。理智通过调动意气来进行回应，它将震慑的图像传送到肝脏，以胆汁为工具，回击来自外部的危险，或约束个体的行为。我们要注意，在柏拉图这里并不存在一个专门的灵魂"部分"来负责自身的运动。

二、普罗提诺

对普罗提诺而言，柏拉图在人类身体里安置灵魂的方式过于原始，必须要有所改变。

（一）与柏拉图的分歧

柏拉图通过区分灵魂中的三种要素，来描绘灵魂的三种功能：欲望、意气和理性，普罗提诺并没有采用这种三分法。

1. 亚里士多德的影响

普罗提诺倾向于一种受亚里士多德启发的划分方法（《尼各马可伦理学》I.13.1102a27-b33，VI.2.1138b35-1139b13）。亚里士多德和柏拉图一样也讨论三个部分，亚里士多德说的是理性的、欲望的、植物性的（*logistikon, epithumetikon, phutikon*），柏拉图说的是理智、意气、欲望（*nous, thumos, epithumia*），但是亚里士多德对这些部分的划分不同于柏拉图。在柏拉图那里，区分体现在理性部分（*nous*）和非理性部分之间，非理性部分又包含意气和欲望两个部分。而在亚里士多德那里，进一步的划分则是在欲望部分（*epithumetikon*）之中，它一方面同植物性的部分相联系，因此并不涉及理性部分；而另一方面，它又能够听从和服从理性部分。在亚里士多德看来，唯有欲望能成功地激发身体的运动，没有欲望就不存在行动。概括而言，在亚里士多德看来，欲望可以是理性的，而这在柏拉图那里绝不可能。我认为，这也是柏拉图伦理学与亚里士多德伦理学之间最基本的分歧之一。

在《九章集》的论文 28（IV.4）对愤怒的讨论中，可以找到对柏拉图灵魂三分最清晰的批判。对普罗提诺而言，愤怒以及欲望并不依赖意气这种官能（*thumoeides*），而是依赖植物性的官能（*to phutikon*），即让身体成为一个有机体或生物体的官能。普罗提诺举出证据：那些不耽于肉体享乐的人，对自己的身体关注较少,也更少发怒。此外,还应该注意,在论文 27-29 之后,灵魂三分就再也没有在重要的地方出现过了,这或许意味着,普罗提诺认为自己已经进行了足够充分的阐释。下降的灵魂位于头部区域,而植物性灵魂则位于肝脏的区域。

2. 斯多亚学派的影响

如我们所见,普罗提诺拒绝将灵魂中负责欲望的官能同负责意气的官能区分开:他认为这两组活动都由灵魂的同一个官能负责。不过我们还是要去辨明,这究竟是哪一个官能:是感觉性的灵魂,还是欲望性的灵魂?我们或许还会好奇,是否存在一个单独的官能专门负责欲求(*orexis*)?以及,这种官能是否涵盖了所有种类的欲求?

有一些论证指向这样一种官能的存在。即便那些最为基础的身体欲望,比如对食物、饮品或性的欲望,都包含着感觉与意识;因此,它们就不能只属于植物性官能。那些与身体无关的欲求更加印证了这一点。同样的论证也可以解释愤怒:身体受到伤害,特别是感受到不义,就会触发愤怒的运动。

论文 27 有两次将冲动(*hormê*)与欲求(*orexis*)相联系。这种联系说明普罗提诺和亚里士多德一样,将欲求视作一切行动真正的本原。不过,身体不足以作为人类所有行动的唯一源头。第一个段落在第 28 节,普罗提诺问道:灵魂的官能究竟应该位于身体的何处？他回答说，感觉与冲动的本原都应该位于头部，更准确地说，它们都位于大脑中，因为感觉、表象和运动都位于那里。第二个段落在 23 节，普罗提诺暗示，应该将冲动和欲求视作感觉灵魂的运作，然而仅仅承认这两种运作都依赖同样的身体基础，还不足以让我们从中推出结论，认为感觉官能覆盖了欲求官能。这促使我们将欲求当作一个独立的官能（orektikon）。其他的段落也指向了这个方向，在论文 9 中普罗提诺确实给欲求官能赋予了独立的地位：

> 那么灵魂是多，尽管它并非由诸[有形的]部分组合而成；因为在它之内包含着许多种力量，推理、欲望、理解，它们被那一个聚合在一起，就像被绳子绑在一起。（论文 9 [VI.9] 1.39-41）

在论文 39 中，我们又一次看见了冲动与欲求这对概念，它们似乎可以用来指欲求官能（orektikon）（论文 39 [VI.8] 2）。另一段文本也说明了这一点，即论文 53（I.1）5。在欲求官能究竟处于什么地位这个问题上仍然有许多不确定的地方，但是我倾向于认为它是一个完全成熟的官能（见第三章），它是双重的，不仅朝向下界和身体，同时也朝向上界和未下降的灵魂、理智、太一。在这个背景之下，我们应该格外注意，普罗提诺似乎追随亚里士多德，认为欲求可以是理性的，而柏拉图则在欲求与理性之间树立了更为尖锐的对立。这就是为什么，冲动与欲求作为行动的本原，不仅仅与身体相连，也与推理思想（dianoia）相连。

（二）身体中的人类灵魂

如前面所说，人类的灵魂不能同其他所有灵魂分离，它是一个复合的、移动的实在，这并不是说它包含各种"部分"，而是说它展现出多种面向，作为它所在的身体"位置"的功能，并施行相应的活动。① 作为自身之内的最高点，人类灵魂得以留在理智世界中（论文 27［IV.3］12.1-3；论文 6［IV.8］4.30-35），这个最高点就是所谓的"更高级的灵魂"，即理智。

1. 灵魂的诸部分及位置

将灵魂带到地上的东西，使灵魂进入一个有限定性的身体（toionde sôma），也即一个活着的、被赋予一个较低级灵魂（即植物性灵魂，phutikê psukhê）的身体，也能够让灵魂重返理智世界。这个有限定性的身体是由世界灵魂最低的部分（即自然）产生的。首先，在母亲腹中有了一个胚胎，它能够在出生时接受某个来自外部的人类灵魂。一个人的同一性非常复杂：植物性的灵魂

---

① H. J. Blumenthal, *Plotinus' Psychology*, Hague: Martinus Nijhoff, 1971.

激活了他的身体，而这个植物性灵魂仅仅是世界灵魂的一部分；而统辖他的灵魂生命的，则是只有一部分下降的灵魂。身体的各个地方都有植物性的灵魂，肝脏可以被视作欲望官能的源头，心脏是愤怒官能源头，而下降的灵魂则扎根在大脑之中，神经取代了血液成为身体中传递信息的中介。下面这段论述值得我们完整引用：

> 我的意思是，当有灵魂的身体被灵魂照亮后，① 它的不同部分以不同的方式分有灵魂。②
>
> 灵魂根据［每一个］感觉器官，为它们分配相应的任务，就像灵魂也给予了每一个器官相应的能力，眼睛的能力是视觉，耳朵的能力是听觉，味觉的能力在舌头上，嗅觉的能力在鼻孔，触觉的能力则在整个身体，因为整个身体都是灵魂的感觉器官。③ 由于触觉的诸器官在第一神经之中，它也能够推动生物运动，因为相应的灵魂能力在这个点联系起来，④ 而由于神经起始于大脑，它们就在大脑之中建立了感觉和冲动的本

---

① 关于光线的影像，参见本章第 22 节，2 ff.。
② 在身体之内，灵魂无处不在。
③ *antilêpsis*（触觉）在这里的意思是触摸。
④ 参见阿弗罗狄西阿斯的亚历山大（Alexander of Aphrodisias）：《论灵魂》（*De anima*）77.5-10，98.5。

原，以及更普遍意义上的整个生命体的本原，很显然，那个使用诸器官的东西，就位于它们的起始之处，①更准确地说，这儿也就是[知觉]潜能成为实现的起始之处。②当器官[或工具]要被推动时，我们所说的工匠使用适合工具的力量，或者说并非力量（力量到处都是），而是力量之实现的起点，也是器官的起始点。那么，既然感觉的力量，也就是冲动的力量，都属于进行感觉与想象的灵魂，③在它之上有理性，④就像它是一种在其下端与其上之物紧密接触的自然，所以，古人才将理性放在整个生命体最高的点上，也就是头部，这不是为了将它放进大脑，而是放在我们上面所描述的位于大脑之中的知觉官能之中。灵魂中有一个部分，必须将自己给予身体，给予身体之中最容易接受灵魂活动的那个部分，而灵魂的另一个部分与身体毫无联系，但却以一种绝对的必然性，同第一部分联系，它是灵魂的一个形式，而灵魂能够理解那些从理性而来的事物。由于灵魂中感觉的部分能够以某种方式进行判断，⑤灵魂的想象部分也具有某种理智，⑥所以位于那里的冲动与欲望，就追

---

① 参见柏拉图：《斐多》95b5-6；《蒂迈欧》44d-e；阿弗罗狄西阿斯的亚历山大：《论灵魂》94.7 ff.，98.24 ff.。更普遍的论述参见 H. J. Blumenthal, *Plotinus' Psychology*, p. 75。
② 关于灵魂之中实现（*energeia*）与潜能（*dunamis*）的区别，参见论文 28（IV.4）28.15。
③ 下降的灵魂，文本佚失。
④ 也即下降的灵魂。
⑤ 参见亚里士多德：《论灵魂》II.12.424a4-6，III.9.432a16。
⑥ 参见亚里士多德：《论灵魂》I.1.403a8-9，III.8.427b28，III.9.433a9-10。

第四章 普罗提诺论身体中的灵魂：以愤怒为例

随着想象官能与理性的领导。① 因此，理性的部分就在感觉之中，这不是说它在一个处所中，而是因为那里的东西（即诸官能）需要它。我们已经解释了，② 在何种意义上我们说感觉部分在"那里"。

我们与植物共同的灵魂部分，也就是负责生长和营养的部分，③ 它在身体的任何部分都不可或缺，它用血液进行供给，滋养的血液都在血管之中，而血管和血液的起始点是肝脏，④ 因此似乎这种［供给营养的］能力就固定在了那里，灵魂的欲望部分也就被分配到这里寓居。因为进行生育、滋养、生长的，也必然对生育、滋养和生长有所欲望。

然而，由于那纤薄、轻盈、迅捷、纯净的血液正是灵魂意气部分对应的器官，因此血液的源泉，即心脏⑤（这类血液就是从这里流出），就被制作成了翻滚的意气⑥所适宜的居所。⑦

---

① 关于这个困难的段落参见 H. J. Blumenthal, *Plotinus' Psychology*, pp. 32-37。
② 参见第 22 节 1.15-21。
③ 参见论文 26（III.6）4.32。
④ 参见柏拉图：《蒂迈欧》71a7。
⑤ 对比柏拉图的《蒂迈欧》70d-71d 与盖伦的《论希波克拉底与柏拉图的学说》(*On the Doctrines of Hippocrates and Plato*) V.573，III.582-583。
⑥ 参见柏拉图：《蒂迈欧》70a-c；《论希波克拉底与柏拉图的学说》V.573，III.496。
⑦ 参见阿弗罗狄西阿斯的亚历山大：《论灵魂》40.1-3；亚里士多德：《论动物的部分》III.4.666a7-8；亚里士多德：《论睡与醒》3.458a15-16。

灵魂下降的部分，即推理的思想（*dianoia*），位于头部，同灵魂未下降的部分即理智（*nous*），保持着联系。它不仅负责感觉、表象、记忆、推理思考等认知官能，还能够调动冲动（*hormê*）——行动的本原。

从这个角度看来，感觉是一个属于人类整体的过程，在这个过程中，灵魂扮演工匠的角色，身体是工具，而记忆则仅与灵魂相联系。传递到灵魂的印象是"没有部分的思想"（*amerê noêmata*）。有一种说法认为，感觉印象的传输（*diadosis*）是从身体的一个部分到另一个部分，直到最后传输到感觉所在的区域。普罗提诺反对这种说法，他强调，假如果真如此，那么特定的身体部分就只能够感受到毗邻的部分的疼痛，直到统领性的官能（*hêgemonikon*），它也只能感受到毗邻部分的疼痛。假如每个部分都有不同的感觉，那么同一个疼痛，在身体之中将有无数种感觉。这个论证，以及论文 2（IV.7）中的其他论证，并没有让普罗提诺放弃"传输"（*diadosis*）的概念，尤其是在论文 8（IV.9）中，普罗提诺解释说，如果刺激的强度过小就无法触发感觉。这就意味着，并非所有作用于身体表面的刺激都会到达灵魂。而一旦它们触及了灵魂，那么在普罗提诺看来，是神经，而非柏拉图认为的血液，将它们带到下降的灵魂的高级部分。

2. 神经的发现

普罗提诺的理论建立在发现神经的基础上，在公元前3世纪，医生赫罗菲鲁斯（Herophilus）、伊拉希斯特拉图斯（Erasistratus）[①]发现了神经，后来医生盖伦对此进行了详细的阐释：

> 我暂且将亚里士多德和斯多亚主义者的观点放下；但是就我刚才所说的，已经非常明显了，对于感觉对象的感觉（*tên aisthêsin tôn aisthêtôn*）是通过变化和识别（*di' allolioseos te kai diagnoseos*）产生的。感觉器官发生了变化，通过由统治的部分（*ek tês arkhês*）流到所有感觉器官的单一能力，这一变化被识别出来；无论你是否将这个统治的部分称作进行感觉的各个部分的共同感觉（common perception, *koinên aisthêsin*），都没有关系。我们早先的讨论表明，这个（统治的部分）就是大脑（*egkephalon*），其他身体部位的感觉和运动都来自于它，一组神经下降（*kathêkonton neuron*）到感觉器官，从而产生对感觉对象的识别，另一组神经则驱动每一个需要运动的器官，比如眼睛、舌头、耳朵，事实上，这末端的（器官）在绝大多数动

[①] Herophilus, *The Art of Medecine in Early Alexandria*, ed. and trans. Heirich von Staden, Cambridge: Cambridge University Press, 1988; Ivan Garofalo ed., *Erasistrati Fragmenta*, Pisa: Giardini, 1988.

物中都会运动；它们被头部的肌肉包裹，动物的所有自主运动都通过它们发生。所有这些事情证明了下面这个说法：大脑同时是动物感觉和自主运动（*kath' hormên kinêseôs*）的力量之源。（《论希波克拉底与柏拉图的学说》VII. 8.1-5）

在盖伦看来，感觉意味着感觉器官的变化，也意味着灵魂统治的部分对此的理解与识别，通过共同感觉的中介，各种各样的对象被感觉到。统治的部分位于大脑之中，两组神经从此而来：一组用于识别感觉对象，另一组用于驱动感觉器官。

普罗提诺看起来对这一医学理论有所了解，这种理论受到斯多亚学派的启发，尤其是灵魂的统治部分（*hêgemonikon*）。就像先前说过的，在普罗提诺看来，下降的灵魂，也即推理的思想，不仅负责感觉、表象、记忆、推理等认知官能，还能够调动冲动这个行动的本原。

（三）愤怒

愤怒的机制印证了以上所有要点。愤怒有两种形式。在第一种情况下，愤怒来自身体的痛苦，它自然是从身体开始的，然后发展到下降的灵魂之中；第二种愤怒由理性的判断触发，与某种不义相关，整个过程恰好颠倒过来。

1. 来自身体痛苦的愤怒

下面这段话描述了身体上的痛苦如何激发愤怒：

> 这愤怒，或者愤怒的根源，属于有限定性的身体，胆汁和血液活动起来，仿佛为灵魂提供了信息，当有限定性的身体受到影响时，血液和胆汁会立刻被调动起来，在产生了感觉之后，表象会将灵魂同身体的倾向联系起来，这样一来，灵魂就能够发动自身对抗那造成痛苦的东西。（论文 28 [IV.4] 28.37-43）

痛苦的影响扰乱这个被激活的身体，它触发了血液和胆汁的运动。这种运动经过感觉而成为有意识的，在此基础之上，感觉触发了一个关于事件性质的表象，然后，当这一表象到达下降的灵魂，它就将指令传递给身体，告诉身体如何对造成痛苦的东西进行反击。

2. 来自对不义之判断的愤怒

对某个不义行为的理性判断也会激发愤怒，这种愤怒从下降的灵魂来到身体。

> 但是相反，在一个更高的层次，一旦出现不义之事，即

> 便它与身体无关，理性灵魂仍然会像我们描述过的一样，准备好这种愤怒的要素，这种要素自然适合于同任何看起来有敌意的事物开战，它将这种愤怒的要素作为自己的同盟。（论文 28 [IV.4] 28.43-47）

理性判断对下降的灵魂产生影响，并触发血液与胆汁的运动，于是下降的灵魂便对身体下达指令，让它对抗那造成不义的人。

在这两种情况下，我们都能在血液和胆汁的层面上发现身体的倾向。

> 两者都来自灵魂植物性的、生殖性的部分，这些部分使身体领会愉悦或痛苦的事情，而这也是它拥有胆汁和苦味的原因。通过身体之中灵魂的印记，这样一种关于不适和愤怒的感受被激发出来，因为它首先受到了伤害，所以试图以某种方式去施加伤害，让对方也处于类似的境地。关于这点的证据是，越不汲汲于身体享乐的人和普遍而言蔑视身体的人，也越不容易受到愤怒的影响。（论文 28 [IV.4] 28.43-47）

换言之，一种身体倾向就存在于包含胆汁与血液的有机体中，这种倾向由对痛苦与不义的意识激发，但是，愤怒如果要介入，这个有限定性的身体必须处于运动之中。这些生物活动都是植物性灵魂的印记，因为这些活动都依赖它。但是，在地上生活中，下降的灵魂始终同这管理着身体的植物性灵魂相连。这就是为什么愤怒与欲望有关。

在普罗提诺看来，愤怒并不像柏拉图所说的那样依赖意气，而是依赖植物性官能，欲望也依赖这种官能。他的证据就是那些更少追求身体享乐的人，也更少在意肉体，他们更不容易屈从于愤怒。快乐与愤怒同植物性灵魂在机体上留下的印记联系在一起。但是这引发了一个问题，植物也有植物性官能，但是它们却不会愤怒，这一点该如何解释呢？原因就在于，它们既没有血液也没有胆汁，即便这些情绪出现在它们的身体中，它们也缺乏感觉，所以不会催生那种用以抵抗痛苦和不义的冲动。

横亘在柏拉图与普罗提诺之间的五个多世纪中，哲学思考有了巨大的发展，主要得益于亚里士多德、斯多亚学派和医学的推进。我已经展示了普罗提诺如何在这些变化上投注心力。普罗提诺也生活在肉体之中，他需要照顾自己的身体，而为了发展出具有原创性的哲学理论，他也必须去理解自己的身体。

第五章　普罗提诺的德性等级学说：波斐利的阐释与遗产①

在古希腊，人们可以说眼睛的德性、耳朵的德性、马的德性，在这里，德性（aretê）一词不仅仅指一种功能，即眼睛的看、耳朵的听、马的奔跑，它还特指最佳的实现，即这种功能的卓越。根据这个词当时的用法，德性指人所做的最完善之事，这就意味着人们必须确定一个最终的目标，并努力达成它。希腊的思想家们不约而同地认为，每一个人追求的主观目标都应该是幸福（eudaimonia），或者按照其字面意思"福分"（good fortune）：所谓有福之人，并不是指那些受运气眷顾之人，而是指生活得好的人，因为他充分地、客观地实现了他的人性与个性。这就是为什么，我们可以谈论德性，而无须为人下定义：正是在定义的问题上，柏拉图主义、亚里士多德主义以及斯多亚主义产生了分歧。

---

① 本章更为简短的版本，可参见 Luc Brisson, "The Doctrine of the Degrees of Virtues in the Neoplatonists: An Analysis of Porphyry's *Sentence* 32, its Antecedents, and its Heritage," in Harold Tarrant and Dirk Baltzly, *Reading Plato in Antiquity*, London: Duckworth, 2006, pp. 89-106；另参见 Dirk C. Baltzly, "The Virtues and 'Becoming Like God': Alcinous to Proclus," *Oxford Studies in Ancient Philosophy*, vol. 26 (2004), pp. 297-321。

一、柏拉图

柏拉图也采用了德性的这种用法，但是他将其嵌入到自己关于生命体①的定义之中：生命体即灵魂驱动身体。由于人类能够拥有不受限制的行动，人类德性的定义就必须以这种行动的本原为根据，即以人类的灵魂为根据，它是人类所有自发运动的源头，无论身体的运动还是灵魂的运动。此外，和苏格拉底一样，柏拉图也主张应该在反思与知识的基础之上，将人的德性定义为一种为行动确立目标并选择方法予以实现的能力。这就是德性的主要特质，它也被翻译成"卓越"（excellence），表达"人的优越成就"。更准确地说，这一"成就"发生在人类最好的部分，即他的灵魂中，尤其是当灵魂运用自己最高的官能——理智（nous）——时，这使得他与神相似。②在这个语境下，德性

---

① "所谓'生命体'，就是灵魂与身体的完整结合体"（柏拉图：《斐德罗》246c5）。

② 通过对理智事物的沉思，一个灵魂成功地使自己与神相似："这就是神的生活。让我们转向其他的灵魂。最好的灵魂追随神，并试图与之相似……"（《斐德罗》247e-248a）在柏拉图那里，我们能在不同的语境下看到7段涉及与神相似这一主题的文本：（1）在知识论的语境之中，灵魂使得自身与知识的对象相似，也即是神（《斐多》79d，《斐德罗》248a）；（2）在神话的语境之中，人与之相似的目标，是传统宗教中的神（《理想国》X.613a，《礼法》716a）；（3）在宇宙论的语境中，这个神就是宇宙（《蒂迈欧》90a）；（4）在伦理学的语境中，与神相似就意味着过正义的生活（《泰阿泰德》176e）；（5）在伦理与政治的语境中（《理想国》VI.500a）。《泰阿泰德》中的段落被放置在一个更大的语境中来理解。关于所有这些段落的讨论，参见 H. Merki, *Homoiôsis theôi. Von der platonischen Angleichung an Gott zur Gottähnlichkeit bei Gregor von Nyssa*, Fribourg, 1952。

依赖于人类的善好，而人类的善好是一种内在的存在方式，它存在于灵魂各个构成部分——理性（*nous*）、意气（*thumos*）和欲望（*epithumia*）——与它们相应的功能之间所构成的和谐；在其中理性应当始终处于首位。

然而，柏拉图在早年就意识到，这种人类个体灵魂中的和谐，只有在政治组织的大背景下才可能达到，因为政治本身就构成灵魂诸组成部分中的一种功能。因此，他在《理想国》中解释道，唯有当正义统治了城邦，权力是知识的特权时，正义才能够统治灵魂。在这个城邦中，权力必须由智慧之人掌握，即由那些从勇敢的战士中遴选出来的哲学家掌握，他们接受生产者的供养，这些生产者必须践行节制。当然，为了保持城邦的正义，那些战士与哲学家也同样应该践行节制。我们在这里发现了四种主要的德性，若要在灵魂与城邦之中实现卓越与幸福，就必须践行它们：智慧、勇敢、节制与正义。柏拉图始终保持着这一立场，虽然对德性运用的方式有所改变，在《礼法》中变化尤其明显。

二、亚里士多德

在亚里士多德那里，实践哲学同理论哲学泾渭分明，因为前者的目的并非找到、知晓真理，而是对行动施加影响。伦理学与政治学构成了实践哲学的两大领域。而道德哲学与政治哲学之间的关系十分复杂。伦理学似乎从属于政治学，因为政治生活为实现关于快乐与痛苦的教育提供了最好的条件，没有这种教育，就不可能习得伦理与政治所寻求的德性。生活在一套良好的法律之下，就是让人类的良好习惯扎根的最好方法，而这些习惯将引领他们走向德性。因此，德性的实现，以及更普遍意义上的公共幸福，都依赖立法者。

和柏拉图一样，亚里士多德也认为，首要的公理是每一个人都想要幸福。幸福代表的是所有行动的终极目标——只要这些行动是理性的。因此，伦理学首先应该提出的问题就是：究竟是什么构成了幸福？应该如何实现它？以及应该如何塑造人的道德品格——即人类行动的本原——才能实现这一目标？在这个意义上，柏拉图与亚里士多德的道德哲学分别代表了两种幸福论，二者都极具古典思想的特征：个体认可道德的同时也在寻求自身的幸福。但是亚里士多德与柏拉图的分歧在于，亚里士多德坚持将伦理领域视作专属于人类的事务，它是变动不居的、无法给出证明。

对亚里士多德而言，以道德的方式行事，就是表现出特定的行为特征。它们可以与品格的卓越有关，例如勇敢、慷慨、节制等伦理德性；也可以与理性的卓越有关，例如良好的判断、明智和知识等理智德性。在他看来，道德主体的统一性来自理智德性与伦理德性的紧密结合：前者和理解的官能有关，是就推测、假说和思虑而言的；而后者则同时依赖品格与理智。当伦理德性从孩提时起就得到培育，并被转换为一种习惯性的、近乎自然的存在方式时，就能够确保道德品格的实现。而理智活动，是专属于人类的、与众不同的功能，唯有理智才能给激情施加量度。人类德性就在于这种活动的卓越中。在人类生活的任何一个细节之中，这样一种选择都应该显而易见。对于道德主体而言，有德性的、卓越的言行最为显著的特征，就是倾向于做好事。因此，德性可以被定义为一种持续不断地做德性行动的品格，而这些行动又反过来继续维持这种品格。这种品格既不是自然的，也不是天生的；因为自然的品格不能拿来赞许或责备。德性既然可以受到道德评判，那么就应该是一种习得的品格。不过，德性唯有像一种天生的品格一样，不断以同一种方式被施行时，它才是真正的德性，无须任何努力并且带来快乐。简而言之，德性的品格既取决于思虑的选择，也取决于痛苦与快乐；它们关乎理智，也同样关乎品格。

三、斯多亚学派

和当时的所有学派一样，斯多亚学派也承认一个基本原则，即人类的所有行动最终都受到一个主观目的的引导，相较于这个目的，所有其他事情都只是一种手段，或者是目的的一部分；而

第五章　普罗提诺的德性等级学说：波斐利的阐释与遗产　　113

这个最终的目的，就是幸福。为了搞清楚如何确定地实现幸福，我们首先要知道幸福是什么。每一个灵魂都有自己的特点，彼此不同，正是灵魂为人类的客观目的或目标（telos 或 skopos）提供了不同的形式。①

在斯多亚主义中，目的与德性并不重合。斯多亚学派认为，德性对于幸福是充分的，德性既构成幸福又产生幸福，但是他们并没有把这两者混同起来。

根据芝诺的看法，最高的目的必定是"生活在一致中"（homologoumenôs zên）。② 这种看起来掐头去尾的表达的意思是，要以一种同唯一的、和谐的理性法则相一致的方式生活，而这种法则建立在灵魂之中。无论是出于灵魂的还是道德的原因，克吕西普（Chrysippus）以及其他前后一致的斯多亚主义者，③ 都采取了一元论的灵魂观。灵魂的统治部分（hêgemonikon）受到激情的影响，并且在道德上受到激情的损害。这一方面是由于判断上的错误，也就是没有明辨地赞同了或好或坏的错误印象；另一方面，由于这种错误的判断，理性会过于冲动或武断。这种理论

---

① 所有古代的哲学流派都讨论过这个主题。基于学述传统（doxographies）的清单可参见 A. J. Festugière, *La Révélation d'Hermès Trismégiste III. Les doctrines de l'âme*［1953］, Paris: Les Belles Lettres, 1983, 2014, p. 261。

② *SVF*, II.127 = Plutarch, *De Stoicorum repugnantiis* 10.1035F.

③ *SVF*, III.12 = Galen, *De placitis Hippocratis et Platonis* V.6.

经常被称作"理智主义",这种理论并不认为对充满激情的人进行劝诫和建议,足以帮助他摆脱激情,因为理性受到了激情的影响和遮蔽。斯多亚学派认为,充满激情的人在某种程度上认可了自己的激情,即便它有时是令人痛苦的。因此,让他自己为之负责是十分公正的,不应该让他以激情作为自己的罪过和愚蠢的借口。这就是为什么,对激情的治愈并不在于改变这些激情,也不是为了本来完好的理性的利益疏导激情的能量,而是将它们彻底消灭,从而让理性从激情的扭曲影响中得到净化。

在另一个版本中,斯多亚学派用"依据自然"(*têi phusei*)对那个副词"一致"(*homologoumenôs*)进行了补充;这个表达就变成了"根据自然生活"。在克里安特斯(Cleanthes)看来,[①]这里的自然指的是普遍的自然,即与人类自然相对应的整个宇宙的自然。简言之,我们据以生活的那个原则,既是整体的自然,也是人类的自然,因为归根结底它们是一回事。

无论是谁,只要实现了这一结果,就会被称作"智慧者"(*spoudaios*,或"卓越的人"),并且同"常人"(*phauloi*)形成对照。然而,无论斯多亚学派的智慧者多么完美,他也还是一个人。他拥有身体,所以仍然服从于他自己无法掌控的生理本能。进一步说,尽管斯多亚学派认为智慧者与非智慧者之间存在着极大的鸿

---

① *SVF*, III.16 = Stobaeus, *Eclogae*. II.77.16 W.

沟，但是他们并不否认道德进步（prokopê），也并不否认建议、劝诫、适合个别情况的准则、对良知的指引是有效的道德教育技艺。一旦个人触及他所能达到的极限，那么这个取得进步的人就履行了自己的全部义务（kathêkonta），也就是他必须完成的所有事情。我们可以认为，初级阶段的进步主要体现为先完成一些义务，然后再去完成几乎全部的义务；简言之，个人的自然之中镌刻着种种天职（vocations），在世界与人类之中也存在着各种不同的功能，它们赋予人类种种任务，而最终的目的就是要在量上进行累积，从而不错过任何一个任务。对智慧者而言，义务就变成了正确的行动（kathorthômata），因为它们的根源正在于此人内在品格的完善。

四、普罗提诺

在普罗提诺这里，一切都发生了改变。他不再将重点放在为德性提出新的定义上，而是要去寻找一个囊括了当前提出的所有理论的综合体。于是，德性的等级学说由此诞生，① 一直到古代末期，这一学说始终处在不断充实的过程之中，贯穿整个希腊和

---

① "德性的等级"（degrees of virtues）这一表达来自哲学史家。新柏拉图主义者所用的术语比这模糊得多，比如"形式"（eidos，波斐利：《章句》32.63）、"种类"（转下页）

拉丁中世纪，横跨了东部帝国和西部帝国。①

根据论文19《论德性》(I.2)② 在普罗提诺的著作编年顺序中所处的位置看来，这篇论文必然写于260年前后。在这篇论文中，有关于三种德性的区分：公民德性、净化德性和沉思德性。它们对应着柏拉图提到的四种主要德性：智慧、勇敢、节制、正义。事实上，公民德性、净化德性、沉思德性与亚里士多德、斯多亚学派与柏拉图的德性学说都有联系。它们是对下面这些文本综合诠释的结果：《理想国》(IV.427e-444e)中灵魂与城邦的四种德性，《斐多》(67b)中的净化，《泰阿泰德》(175a-b)中的"与神相似"。事实上，净化德性可以在两个不同的层面上得到践行。

灵魂必须首先意识到，它是理智产生的。因此，在最高的层面上，净化对灵魂来说就意味着完全回到它的本原去。德性就是灵魂恢复它的卓越，理智是与灵魂最接近的神圣实在，所以灵魂的德性也就是与神圣之物相似。不过，尽管灵魂只有这一

（接上页）（genos，马利努斯［Marinus］：《普罗克洛斯传》[Life of Proclus] §3.1）。然而，他们讨论的德性组群是分等级的，因此我们完全可以称之为"德性的等级"。

① 晚近的一个综合，可以参见 Marinus, Proclus ou Sur le bonheur, ed. and trans. H. D. Saffrey and A.-Ph. Segonds, Paris: Les Belles Lettres, 2001, pp. lxix-xcviii。作者为涉及德性等级学说的相关文本列出了一份清单，其范围从普罗提诺直到尼西亚的欧斯特拉修斯（Eustratius of Nicaea）(pp. lxx-lxxi)，以及一张对照表（比较了波斐利、马利努斯、达玛斯基乌斯［Damascius］、奥林匹罗多洛斯［Olympiodorus］及普塞鲁斯［Psellus］, p. lxxxii）。

② 参见法语译本（附评注），J.-M. Flamand, Plotin, Traités 7-21, Paris: Flammarion, 2003。

条必经之路，但我们仍需强调，灵魂将这种可能性寓于自身之中，而无须任何居间者。净化德性的第一个层面，是从肉体的激情之中获得解放；而更高的层面则包括灵魂朝向理智的"转向"（conversion），因为理智中包含着作为德性之范式的理念。

这里提到了德性之范式，也就是德性的理念，但这并不是"德性"的确切含义。波斐利试图将它们作为完全意义上的德性，由此开启了"德性的等级"这一概念的大门，更重要的是扩充了德性的范围。普罗提诺虽然为波斐利提供了四种德性等级的基础，但是他自己清楚地说道："德性是专属于灵魂的（proprium），它既不适用于理智，也不适用于那高于理智的本原"（《九章集》I.2.3）。因此，普罗提诺并未超越与肉体结合的灵魂。

五、波斐利

我们应该将波斐利的《章句》32置于这个大背景下去理解。《章句》的希腊文标题是"朝向理智的起点"（aphormai pros ta noêta），这个标题与这本书的性质一样神秘。① 它是对《九章集》的评注，抑或仅仅是对普罗提诺作品的一系列反思？无论哪种情况，在这部成书于公元3世纪末的著作中，我们都能看到一个

---

① Porphyre, *Sentences*, Paris: Vrin, 2005。

很长的段落，即《章句》32，是对普罗提诺《论德性》（论文 19 [I.2]）的反思。

延续着柏拉图、亚里士多德、斯多亚学派共享的问题意识，追随着普罗提诺，波斐利向我们展现了，如何将亚里士多德主义、斯多亚主义与柏拉图主义融合为一个系统，来为某种伦理立场辩护。普罗提诺和波斐利援引的并非柏拉图本人、亚里士多德本人，或者某个斯多亚主义者，而是整个柏拉图主义、亚里士多德主义和斯多亚主义。因此，普罗提诺以及波斐利，实际上都将自己的立场置于一个充满论争的语境之中，学派传统是论争的一个决定性因素。换言之，在这里，不管是柏拉图、亚里士多德，还是斯多亚学派都经过了阐释的过滤。

因此，四种来自《理想国》的"主要"德性：正义、智慧、勇敢与节制，在此被剥去了它们在《理想国》中的政治外衣，即便是公民德性也不例外。现在，它们的定义完全是普遍性的，同那个拥有哲学家、战士与生产者三种功能性群体的城邦毫无关系。柏拉图展现出来的对城邦内具体变化的兴趣，在罗马帝国时代已经不适用了，在帝国中，频繁的君主更替并不能对社会和政治结构产生直接的改变。① 尽管如此，第一组德性还是关乎共同体的。

---

① 在普罗提诺的一生中，先后有十七位皇帝登基，平均在位时间只有四年出头。

（一）公民德性

普罗提诺从公民德性或政治德性（*politikai*）开始，这是第一组德性：

> 公民德性……为我们所有的经验给出限制和尺度，真正地使我们井然有序，并使我们变得更好；它们通过那个整全的东西以及限制本身，依照尺度将那些未经规范的、不确定的东西排除在外，得以废止错误的意见；它们自身也有界限并得到清晰的界定。（论文 19 [I.2] 2.13-18）

在波斐利看来，这些德性对应于亚里士多德主义（即一种亚里士多德式的对《理想国》的阐释）所强调的德性。

> 这些公民德性，建立在为激情施加尺度（*metriopatheiai*）之上，也就是在实践行动的领域，追随和遵循那些与我们的义务相关的理性过程；由于它们关乎一个不伤害邻人的共同体，所以因涉及群居性和共同体而被称为"公民的"。它们是：（实践）智慧，与（灵魂中）理性的要素相关；勇敢，与意气的要素相关；节制，即情感元素与理性的一致与和谐；以及正义，即灵魂中的每一个要素根据统治或被统治的不同功能，行使恰当的职责。（《章句》32.6-14）

在这段话中，我们既遇到了柏拉图的要素，也遇到了斯多亚学派的要素，所以很显然，这里提到的亚里士多德也并非历史上的亚里士多德。

公民德性是具有实践性质的德性，它关系到行动（praxis）、活动（energeia）以及符合自然（kata phusin）之物，这种自然就是斯多亚学派意义上的理性法则。这些德性代表了对这一领域的义务的理性赞许：ta kathekonta 是斯多亚学派用来指称"义务"的术语。换言之，它们是寓居在身体中的灵魂的德性。

更普遍地说，这些德性的目的是使群体生活得以可能。这里说的群体，指的不仅仅是人类群体，而是所有生物的群体，"公民的"（politikê）这个词指的是城邦，但它也可以指群居的动物；"群体性"（sunagelasmos）与"共同体"（koinônia）等说法印证了这一点。sunagelasmos 一词非常少见，它就是指在群体中生活。在《论禁杀动物》（De abstinentia III.11）中，波斐利举了蜜蜂与蚂蚁的例子来说明这种生活。不过，我们在这里也能窥见对柏拉图《政治家》中神话的影射：在克洛诺斯的统治下，人类像动物一样群居生活，受到次级诸神的保护。一个问题由此产生：公民德性是否与动物有关？最后，我们会注意到，这些德性完全展现为消极的面相，它们使得群体中的成员能够生活在一起而不彼此伤害。

为了实现共同体生活的目标，公民德性为激情施加了某种尺度。*metriopatheia* 一词指的就是为激情施加尺度，引导非理性朝向自然。所以，公民德性实际上是在模仿工匠神，在《蒂迈欧》中，必然性被视作一个非理性的、导致混乱的原因，工匠神为之施加尺度。我们应该注意，在公元 2 世纪下半叶，第欧根尼·拉尔修根据斯多亚学派的伦理观念，将 *metriopathês*（给激情施加尺度）与 *apathês*（无激情）对立起来（《明哲言行录》V.31）。但是亚里士多德的著作中从来没有出现过 *metriopatheia* 一词，由此我们就能理解，波斐利所讨论的并不是亚里士多德本人的文本，而是他那个时代所理解的亚里士多德主义。[①] 概括而言，公民德性给有朽的人类赋予秩序，为他们的非理性施加限制。

在这个层级，灵魂仍然背离其真正的存在，因为它指向的是身体与城邦。由于公民德性的目标是引领人类生活，使之与自然相符，因此它实际上是专属于人类的德性，不适用于神。这就是为什么，按照斯多亚学派的说法，践行了此类德性的人就是智慧者（*spoudaios*）。尽管如此，我们还是会惊讶地发现，"四主德"

[①] 和阿多一样（Hadot, *Le problème du néoplatonisme alexandrin*, Paris: Etudes Augustiniennes, 1978, pp. 150-158），我也认为在 *metriopatheia* 这一概念中有亚里士多德主义的影响。然而，我们应该注意，*metriopatheia* 这个词最初见于斐洛（参见 S. Lilla, *Clement of Alexandria*, pp. 99-106），它难以被归为亚里士多德主义的术语。关于这个问题，还可以参见 J. Dillon, "*Metriopatheia* and *apatheia*: Some Reflections on a Controversy in Later Greek Ethics," in *Essays in Ancient Greek Philosophy*, vol. 2, eds. J. P. Anton and A. Preus, Albany: State University of New York Press, 1983, pp. 508-517。

的定义都是通过灵魂内在的生活而非政治生活阐发的;《理想国》中在灵魂与城邦之间构建的所有联系都消失了。

(二)净化德性

在这个世界中,灵魂遭受着两种恶:一种在于同低级的事物相结合,另一种则在于这种结合的过度。公民德性解决过度的问题,而净化德性则使我们将灵魂同低级实在的结合降低到最小的限度。普罗提诺继续说道:

> 我们将其他这些德性称作"净化"是什么意思呢?我们如何通过净化而真的与神相似呢?当灵魂彻底与身体混同、互相分享经验、持有同样的意见时,灵魂就是恶的;而灵魂的善好与德性就在于,灵魂不再(同身体)持有相同的意见,而是独自行事——这就是理智与智慧;灵魂不再分享身体的经验,不怕与身体分离——这就是勇敢;理性与理智毫无阻碍地支配灵魂——这就是正义。(论文 19 [I.2] 3.10-9)

在这里,我们发现自己置身于斯多亚学派的语境中,波斐利使得这一语境更加清晰:

> 另一方面,那些向沉思(*theôrêtikou*)状态进步的人的德

性在于使人同下界的事物分离；因此这些德性也被称作"净化"（katharseis），摒弃合于身体的行动，拒绝参与影响它的激情。毫无疑问，这些德性属于这样一个灵魂，它处在（从身体之中）抽离自己，让自己朝向真正存在的过程之中，而公民德性则是为处于有朽状态的人施加秩序。我们应当明确，公民德性是净化的准备；因为，唯有具备了符合它们的秩序，人才能够从首先关乎身体的行动中抽离出来。出于这个原因，在净化的层面上，智慧就在于灵魂不分享任何身体的意见，而是自行其是，这一点通过纯粹的理智运作而臻于完美；节制是不向任何激情妥协的结果；勇敢是不怕与身体分离，就好像坠入某种非存在的虚空；而正义则是理性与理智统领灵魂的结果，没有任何东西与之作对。简言之，公民德性的典型品质应被视作将尺度施加在激情之上，因为它的目的就在于过一种符合自然的生活；而来自沉思德性（kata tas theôrêtikas）的品质，则表现为与激情完全分离，它的目的在于变得与神相似。（《章句》32.15-32）

我们会注意到，净化德性表现出双重的面向：一方面是消极的，体现在使灵魂能够从一切有形之物中抽离；另一方面是积极的，促使灵魂从分散回归统一。这里提到的"与神相似"这个柏拉图式的主题，之后又被斯多亚学派采用并重新阐释，它构成了一个讯号，提醒我们这里的语境是理论性的，而非历史性的。

净化德性在于将人从下界的事物中抽离出去，弃绝身体的行动，抵制身体的激情。因此，这些德性等同于"净化"。它们属于那些为了朝向真正的存在，即理智，而让自己同身体相疏远的灵魂。在这里，我们涉及了一个朝向沉思进步（prokopê）的概念，这里说的沉思就是柏拉图说的对理智事物的沉思。

净化德性是人类灵魂的德性，即与身体结合的灵魂的德性。在此世就可以获得，它们的目的是帮助灵魂彻底摆脱激情（在净化德性之前，这些激情仅仅受到某种尺度的约束）。这些德性的最终目标就是柏拉图所说的"与神相似"。

这些德性所对应的品质是"无激情"（impassibility，apatheia，或"不动情"）。在这第二个层面上，灵魂不再满足于为激情施加尺度和限制，而是致力于将自己从激情之中完全解放出来。净化德性就在于尽可能地将灵魂从身体之中抽离出来。当然，这样一种解放是在判断的层面上说的，它并不能带来真正的无激情。唯有死亡才能带来完全的无激情，也就是完全的解放。这里出现了一个矛盾，因为唯有活着，才能够沉思。这就是为什么，践行这些德性的人只能够不断朝向德性状态进步，这种进步为其博得了"精灵"（daimôn）的名称，它是一种位于人与神之间的存在：当他们践行公民德性时被称为智慧者，而践行沉思德性时就被称为与神相似。

有一些主要的德性非常有趣。比如，灵魂的纯洁是它与身体分离的结果，因此理智的纯洁就是它与灵魂分离的结果。更进一步，勇敢的定义让人想起了一种对哲学的看法——哲学是练习死亡，而死亡是灵魂与身体的分离。这种对哲学的看法直接导向了柏拉图式的"与神相似"的理想。这是波斐利在《章句》中唯一一次提及这个理想，不过在普罗提诺的《论德性》中，我们自始至终都能看到它。

这里会出现两个问题，波斐利在《章句》32 的末尾试图回答它们：

> 因此，我们应该将注意力主要转向净化德性，相信在此世获得这些德性是可能的，正是通过这些，才有可能实现朝向更高层级的上升。因此，我们必须要考虑，在哪个点、哪个层级上可能得到净化；因为归根结底，它关系到从身体和激情引发的非理性行动中分离。我们必须弄清楚，它会如何发生，又会达到何种程度。首先，所谓人，就是被绑缚在一个具有与它截然不同的自然的异己实体上的灵魂，对这一点的认识就是净化的基础与地基。其次，从这个信念出发，人应当从身体中将自己收束回来，就好像是在空间的意义上，但无论如何都要采取一种彻底不受身体影响的态度。（《章句》32.95-106）

这一段非常有意思，它表现了一种从柏拉图主义出发的对斯多亚学派的彻底批判。斯多亚学派的智慧者（这或许在很大程度上仅仅是一种理想）就是在活着时，成功地将自己与激情分离的人；然而对于柏拉图主义者而言，这仅仅是一个阶段而已，最终的目标是要沉思理智事物，并使灵魂同理智融合。从这个角度看，对于普罗提诺和波斐利这样的柏拉图主义者，净化本身并不是最后的目的；它只是一个手段，在这里它被描绘为基础和地基。

人不可能完全没有激情，至少在这个世界上不可能，因为人必须要有身体才能沉思。① 我们无法彻底摆脱恐惧与意气，它们可以被看作是警示的信号，或者面临危险时的自然反应——是迎面而上还是选择逃离。

同样，我们也无法彻底消除快乐与痛苦。快乐同一系列自然的行动相联系，对于保障个体的生存十分必要，对于保存整个种族也是如此。波斐利建议道，我们体会快乐，但不与身体分享。至于痛苦，波斐利则建议我们忍受它，除非这种痛苦太甚，妨碍了行动，我们才试着消除或者缓解它。

至于对食物、饮品、性的欲望，肯定与身体相联系。这意味着，灵魂本身不应该在任何意义上分享它们；灵魂一定要将自己同感受到这些的身体分离开，就像它是另一个不同的实体一样。

---

① 仅仅摆脱自己的肉体，并不足以达到沉思，而且这也是不允许的，因此《章句》9 谴责自杀。

在这个意义上，说"超脱"比说"无激情"更好。

（三）沉思德性

对柏拉图主义者而言，寻求净化并非出于净化自身的缘故，而是为了使沉思（theôria）得以可能；因此，净化的践行者被称作"沉思者"（theôrêtikos）。① 普罗提诺提供了一些细节：

> 理论智慧和实践智慧都在于沉思理智所囊括的东西，但理智通过直接接触而拥有它。存在两种智慧，一种在理智中，另一种在灵魂中。在那儿的（在理智中的）不是德性，在灵魂中的是德性。（论文 19［I.2］6.12-15）

而在波斐利那里，这些德性没有属于自己的名字：

> 一旦得到净化，灵魂必然就会与产生它的东西结合在一起；因此，在灵魂发生转向之后，与之对应的德性就在于对存在的了解与知识，这并非因为它在自身之中没有这种知识，而是因为倘若不借助那高于它的，灵魂就不能看清楚在自身之内

---

① 事实上，沉思德性（theôrêtikai）以净化德性（kathartikai）为前提，只要我们再读一读刚刚提到的《章句》32.15-26 里的那几行，就能看到这一点。

的东西。因此，存在着另一个等级的德性，这第三等级的德性在净化德性与公民德性之后，也就是灵魂进行理智活动时的德性（*noerôs tês psukhês energousês*）。① （在这个层面上）理论智慧与实践智慧都是沉思理智的内容；正义是满足（灵魂每个部分）恰当的角色去追随理智、将行动引向理智；而勇敢则是从激情中抽离，灵魂由此使得自己同它所沉思之物相似，这种沉思本身是没有激情的。很自然，所有这些都互相牵涉，就像之前的那些一样。（《章句》32.51-62）

事实上，波斐利谈到了两种级别的沉思：一种是朝向沉思进步的人，另一种是那些已经在沉思之中的人，后者的灵魂在进行理智活动。波斐利用"沉思的"（*theôrêtikai*）来指称第一层级的德性，这个词被后来的新柏拉图主义者用来指称第二层级的德性，而第一层级的德性则被说成是"净化的"（*kathartikai*）。

净化是一个过程，而沉思活动就是净化过程的终点。这也正是波斐利在《论禁杀动物》中所说的："我们的目标是对存在的沉思。当我们在最大的可能限度内达成这一点之后，沉思者与被沉思者的自然就结合在一起了。"（I.29.3）这寥寥几句话带着我们更

---

① 这就是为什么，普塞鲁斯将它们称作是"理智的德性"（*noerai*）。关于普塞鲁斯在用词上的摇摆不定，参见 Marinus, *Proclus ou Sur le bonheur*, p. lxxxix, note 1。

进一步。

公民德性将灵魂从第一种恶（激情之过度）中解放出来，而净化德性则将灵魂从第二种恶（同低级事物相结合）中解放出来。公民德性规范了我们同下界事物的关系，而净化德性则为这种关系画上了句号。

沉思德性（theôrêtikai）属于那些已经是沉思者的人，这些人的灵魂此后都沉思理智事物；和前面的德性不同——它们在努力或进步，沉思德性是静止的。它们属于遵照理智模式行动的灵魂的德性。事实上，灵魂只需要转向理智，就知道它自身之中有什么。灵魂在自身之中拥有知识，但在"回忆说"的语境下，它必须以某种方式进行回忆。即便在讨论这第三种德性之前，波斐利就已经谈到，源自沉思德性的品质就体现在激情的缺失中，因为其目的就是要与神相似。这些德性的目标就在于，人在行动时不必考虑将自己从激情之中抽离出来。

如果谁能够完全根据这些德性行动，他就是一个神（theos）。有了这些德性，净化过程就得到了完满的实现。彻底转向了理智的灵魂不再知道任何激情，它将自己全部交予沉思。对柏拉图主义者而言，一定要将德性带到这个层级上，因为在这里灵魂与理智（即理智世界）再次结合，这样一来，与神相似的理想就得以实现。

波斐利在描述完沉思德性之后补充道："很自然，所有这些都互相牵涉，就像之前的那些一样。"这个观点是波斐利从普罗提诺那里继承来的,也是斯多亚学派理论的一个核心面向。由于"互相牵涉"(antakolouthia),这些德性就不是彼此独立的,这就意味着拥有了其中一个,也就拥有了全部。这样的"互相牵涉"不仅适用于我们上面看到的三种德性,第四种德性也是如此。

(四)范式德性

借由净化德性,得到净化的灵魂将自身同产生它的事物(即理智,灵魂与理智事物不可分离)结合在一起,之后就是灵魂朝向自身本原的转向。然而在这种结合之中,灵魂不再是一个灵魂:它就成了理智。因此,范式德性的地位尤为模糊。

> 第四种(genos)德性是范式德性(paradeigmatikai),我们同意,它们实际上位于理智之中,它们比灵魂的德性等级更高,并且是后者的范式,灵魂的德性与它们相似。在这个层面上,诸范式在理智中享有同时性的存在:[①] 所谓的实践智慧即是科学的知识,而理论智慧则是知道这一行动的理智;节制变成了自我专注;做正确的行动(=正义)就是(借由理智)去做它自己的行动;勇敢是自我同一,并借由力量的过剩,纯粹地保持它自身。(《章句》32.63-70)

---

① 就像所有理智实在都是"同时的"(hama)。

这里有一个波斐利歪曲普罗提诺文本的例子。波斐利写道"第四种德性是范式德性",而普罗提诺则谨慎得多,他写道:"这些在灵魂之中的德性,也同样彼此包含,就如同在那理智之中、先于德性的范式一样"(*ta pro tês aretês*［*hai*］*en hôi ta hosper paradeigmata*,论文 19［I.2］7.1-3)。换言之,是波斐利将德性的模型,也就是完全意义上的德性,视作"范式德性"。下面我将试着去解释这几行令人费解的话。

范式德性是理智的德性,由于它是理智,所以与灵魂分离。它们是位于理智之中的德性,即理智事物或者理念。它们比灵魂的德性更高级,是灵魂德性的范式,而灵魂德性是它们的形象。因此我们不能再将它们称作严格意义上的德性,因为德性是灵魂的品质,而我们却来到了理智和理智事物的层面。与其说是范式德性,不如将其称作德性的模板。

范式德性可以用三种不同的方式阐释。第一,存在一些灵魂的德性,它们本身同理智相一致(这是达玛斯基乌斯的观点)。第二,存在一些通神的(theurgial)德性(这是奥林匹奥多洛斯的观点),这也是波斐利的解读:拥有这些德性之人被称作"诸神之父"(*pater theôn*),一些人希望在《迦勒底神谕》(*Chaldadean Oracles*)的基础上来理解它。这个表达很难理解,但是如果将这里的"父"以一种学术的方式理解成"导师"(master),我们可以设想一位导师训练弟子去沉思理智事物或理念;这将带我们重回第一种解读。第三，存在神圣的德性。假如说人的定义就是灵魂同身体的暂时结合，那么在这里我们已经超出了人的层面，来到神圣的层面。对此的论证如下：如果那包含一切存在的理智范式的理智只能是神圣的理智，那么我们就不可避免地像马克洛比乌斯（Marcrobius）和马利努斯（Marinus）那样认为，范式德性不再是属于人的德性，而是属于神的德性。这些德性同理智的本质同在。①

六、扬布里柯、普罗克洛斯和达玛斯基乌斯

达玛斯基乌斯在《〈斐多〉评注》（I, §138-151, pp. 84-93, Westerink）中提到一部题为《论德性》的作品，这部作品已经佚失，在其中，扬布里柯②根据自己确立的柏拉图对话的阅读顺序，③在政治德性之前又添加了两个新的德性层级——自然德性与伦理德性，从而扩充了德性的清单：

---

① 关于这个问题参见 A. J. Festugière, "L'ordre de lecture des dialogues de Platon au Ve/ VIe siècle," *Museum Helveticum*, vol. 26 (1969), pp. 218-296。

② 参见 J. Dillon, "Iamblichus of Chalcis (c. 240-352 AD)," *Aufstieg und Niedergang der Römischen Welt*, II.36 (1974), pp. 862-909，特别是 pp. 902-904。

③ 对新柏拉图主义者而言，自然德性是天生的，这一点在《理想国》（VIII.528d-519a）中有所提示；道德德性来自习惯，这是《礼法》（I-II, VII.788a-VIII.842a）提示的。柏拉图在《理想国》（IV.434d-445b）中讨论了公民德性，在《斐多》中讨论了净化德性，在《泰阿泰德》（173c-177c）中讨论了沉思德性。

第五章 普罗提诺的德性等级学说：波斐利的阐释与遗产

> 在诸德性之中，第一是自然德性，这是我们同动物共有的，它们同身体的禀性有关，经常发生冲突；它们要么主要从属于活着的身体，要么就是当禀性的混乱没有妨碍理性时，理性的反应，它们还可能来自前世所获得的习惯……
>
> 在自然德性之上是伦理德性，我们通过习惯化或某种真实的意见获得它们，它们是教养良好的孩子的德性，在某些超越了禀性影响的动物身上也有这种德性，它们不会相互冲突……（达玛斯基乌斯：《〈斐多〉评注》I, § 138-139）

接下来便是公民德性、净化德性和沉思德性。

在波斐利所确立的范式德性之上，扬布里柯还增添了神职德性（hieratic virtues），它通过一些使灵魂达成与神结合的祭礼，保证了一种在与神结合方面的神圣主动性。

> 范式德性属于那些不再沉思理智事物（沉思意味着分离），而是通过分有作为一切事物之范式的理智而达到存在状态的灵魂；因此这些德性也被称作"范式的"，正是因为这些德性首先属于理智自身。这个范畴是扬布里柯添加的。
>
> 最后，还有一种神职德性，它们属于灵魂神圣的部分，对应着上面提到的所有范畴，唯有一点不同，其他那些都是关乎存在的，而这些德性则是关乎太一的。这种德性也是扬布里

柯提出来的，后来普罗克洛斯学派又进行了更清晰的探讨。（达玛斯基乌斯：《〈斐多〉评注》I, § 143-144）

波斐利补充了范式德性，并将它作为第四层级的德性，那么"扬布里柯的创新"应该如何解释呢？要么是扬布里柯为波斐利所添加的德性做了哲学上的辩护，要么是扬布里柯没有分清楚范式德性和神职德性。[1] 又或许，是普罗克洛斯澄清了范式德性与神职德性之间的区分，从而为哲学与神学之间的协调提供了基础。我们应该注意，"神职的"这个词十分含糊。

无论是哪一种情形，扬布里柯的这份德性清单，后来也为雅典学派（尤其是普罗克洛斯）所接受。

七、马利努斯与奥林匹奥多洛斯

马利努斯正是围绕着德性等级的主题构建了他的《普罗克洛斯传》：[2]

---

[1] 这个阐释来自维斯特林克（L. G. Westerink）对奥林匹奥多洛斯《〈斐多〉评注》VIII §2-3 的注释。也有可能达玛斯基乌斯拥有一些来自扬布里柯的关于《章句》的二手信息。

[2] 波斐利在其《普罗提诺传》中也采取了相同的方式；关于这个问题，参见 L. Brisson, "Porphyre. Une biographie," in Porphyre, *Vie de Plotin*, vol. II, pp. 1-29。

> 首先，依据不同的种类将德性划分为自然的（§3-6）、伦理的（§7-13）、公民的（§14-17）之后，在这些之上的德性，就是净化的（§18-21）、沉思的（§22-25），以及被称作"通神的"（§26-33），我们就不说更高的等级了，因为之后就超出了人类的状况……（马利努斯：《普罗克洛斯传》§3）

这份清单，直到沉思德性，都同达玛斯基乌斯所说的扬布里柯的清单一样，但我们要注意两点：第一，这里没有提到范式德性；第二，扬布里柯所说的"神职的"（hieratic）被马利努斯称作是"通神的"（theurgical）。似乎在马利努斯看来，范式德性实际上变成了一种"超出人类状况"的德性。为了解释这一点，我们应该使用前面对范式德性的解读。如果范式德性是理智事物，且唯一可以包含一切事物理念的理智只能是神圣的理智，那么就可以得出，范式德性不再是人类的德性，而是属神的德性。此外，将扬布里柯的神职德性取而代之的通神德性，不仅寓于理性活动之内，① 也寓于真正的实践之中。② 从这个角度看，神学（在《迦勒底神谕》中可以找到最完整的表达）就成了哲学的顶点，哲学要追求与神学的和谐。

---

① 比如对《迦勒底神谕》和俄尔甫斯诗歌（Orphic poem）的阅读和评注（《普罗克洛斯传》§26-27）。

② 也就是通神的祭礼、神迹以及与诸神亲近（《普罗克洛斯传》§28-33）。

我们在奥林匹奥多洛斯①那里也可以找到同样的分类方法，不过他将范式德性等同于通神德性：

> 事实上，也存在着范式德性（*paradeigmatikai arêtai*），因为就像我们的眼睛被阳光照亮，它起初和光源有所不同，因为它是光源的接受方，但是后来，眼睛以某种方式与光源结合、与其联结在一起，变得就像与之同一，成为"太阳般的"；我们的灵魂起初被理智（*hupo nou*）照亮，它的行动受沉思德性（*theôrêtikas aretas*）的引导，但在之后，它就以某种方式变得同那照亮之源同一，并且在同太一之结合中行动（*henoidôs energei kata tas paradeigmatikas aretas*），从而与范式德性相符。哲学的目标就在于将我们变成理智（*noun*），而通神的目标则在于将我们与理智实在（*tois noêtois*）结合，让我们的行动同范式相一致（*energein paradeigmatikôs*）。（奥林匹奥多洛斯：《〈斐多〉评注》VIII, §2.12-20）

范式德性与通神德性的等同，实际上将我们带回了波斐利的《章句》32，并提出了一个理由充分的解读。

---

① 《〈斐多〉评注》§ 3-5, pp. 117-121, Westerink。

八、普塞鲁斯与东方，马克洛比乌斯与西方

普塞鲁斯①所采纳的德性等级论，看起来同马利努斯的版本非常接近：有自然德性、伦理德性、公民德性、净化德性、沉思德性、通神德性，以及比通神德性更高的德性。

最后，通过马克洛比乌斯，这一理论传到了经院哲学家那里，②特别是哈雷斯的亚历山大（Alexander of Hales）和托马斯·阿奎那（Thomas Aquinas）。但我们应该注意，马克洛比乌斯将波斐利的德性等级学说冠上了普罗提诺之名，并且将范式德性归于神。③

新柏拉图主义者们希望通过自然德性和伦理德性，将动物也纳入考量，从而在他们独特的形而上学系统之中，不仅寻求不同哲学流派（柏拉图、亚里士多德和斯多亚）的伦理理论之间的协调，同样也寻求哲学与神学之间的协调。在公民德性和净化德性两种关乎同身体相连的灵魂的德性之上，他们还增添了沉思德

---

① Psellus, *De omnifaria doctrina*, § 66-74.

② 参见 H. van Lieshout, *La théorie plotinienne de la vertu: essai sur la genèse d'un article de la Somme théologique de saint Thomas*, Diss. Fribourg, 1926。

③ "第四种所包含的德性，是表现在理智（nous）自身中的德性，正是从这个范式之中，其他所有德性得以产生。因为假如我们相信，在心灵之中存在着其他事物的理念，那么我们就可以更加确定地相信，那里也存在着德性的理念。"（马克洛比乌斯：《论西庇阿的梦》[*In Somn. Scip.*] VIII.10）

性——它以某种方式与理智相关，以及范式德性——它就在理智事物之中。他们还提到了通神或神职德性，这种德性通过祭礼的中介，促成灵魂同神结合。

柏拉图主义者们以这种方式扩大德性的领域时，遇到了两个问题。从净化德性到沉思德性的过渡存在困难，我们从波斐利摇摆不定的用词中可以发现这一点。此外还有另一个问题，所有这些德性在与身体（人类与动物都拥有身体）、与其他人、与理智事物，甚至与太一的关联之中，是否都仅仅关乎人类灵魂。事实上，一切都表明，有一些新柏拉图主义者希望逃离这一框架，马利努斯首当其冲，他将范式德性解读为一种属神的德性，而不仅仅是人类的德性。

就这样，我们又一次与将哲学视作一种生活方式的观点相遇，[1] 即便对于一个柏拉图主义哲学家而言也是如此，当他运用自己的理智去沉思理智事物、当他对神圣的学说与祭礼产生兴趣时，他为自己活动的卓越感到惊奇。如此一来，我们就能够理解，为什么波斐利与马利努斯会说他们的老师——普罗提诺与普罗克洛斯——已经践行了所有等级的德性。

---

[1] Pierre Hadot, *Philosophy as a Way of Life*, transl. M. Chase, Oxford: Blackwell, 1995.

第六章　普罗提诺论"恶"的问题

　　就像前文所说的，灵魂实体是另一个实体的流溢，那个实体是灵魂的原因，它就是理智，而理智依赖太一。普罗提诺追随柏拉图的《蒂迈欧》(35a-b)，坚持认为，灵魂处在一个居间的位置，它的一面是不可分割之物——这是理智事物的特征，另一面则是身体之中的可分之物，因为灵魂会进入身体。因此，灵魂一方面是可分的，因为每个身体中都有一个灵魂；而另一方面，就它是理智之物而言又是不可分的：正如波斐利在《章句》中重申的，它无所不在，却又无处存在。

　　以这种方式，普罗提诺在整体灵魂与个体灵魂之间做出了区分，前者总是停留在理智世界之中，而后者则附着于身体，灵魂生产和管理身体。整体灵魂也就是我们通常说的"灵魂实体"。所有其他灵魂，包括世界灵魂和人类灵魂，都附着在这个整体灵魂之上，它永远是唯一的。所有这些灵魂共同组成一个单一的灵魂，之后它们才被投射到各处，就像光到达地面时会散开但并没有被分割。世界灵魂和人类灵魂生产并管理着身体，既包括世界的身体，也包括其他生命体的身体。

一、普遍意义上的恶[①]

这个世界是由世界灵魂生产出来并组织在一起的，世界灵魂总与理智保持联系，理智又依赖太一，而太一本身就是善，[②]这么说来，这个世界应该完全没有恶。但事实显然并非如此，柏拉图也承认："恶不可能被摧毁，因为总是存在着与善相对立的东西；但它不可能在天上拥有一席之地。"（《泰阿泰德》176a5-7）普罗提诺也和柏拉图一样，不得不承认在我们的世界恶永不会消失，无论是消极之恶——即灾难和所有其他祸事，还是积极之恶——即人类犯下的恶。更有甚者，任何试图消除消极之恶与积极之恶的尝试，都必将以失败告终。

（一）世界中的恶

面对天灾、战争、意外、疾病与死亡——我将它们称作"消极之恶"，如果一个柏拉图主义者不想重蹈伊壁鸠鲁主义、亚里士多德主义、诺斯替主义等竞争者的覆辙，他应该如何解释

---

① 本章此前的版本参见 Luc Brisson, "The Question of Evil in the World in Plotinus," in Pieter d'Hoine and Gerd van Riel eds., *Fate, Providence and Moral Responsibility in Ancient, Medieval and Early Modern Thought: Studies in Honor of Carlos Steel*, Leuven: Leuven University Press, 2014, pp. 171-186。

② 关于从"至善的太一"流溢到世界的描述，参见论文 51（I.8）2。

呢?① 在伊壁鸠鲁主义者看来,神不干涉我们的世界,这个世界自力更生;在亚里士多德主义者看来,神意的秩序没有达到月下世界;而在诺斯替主义者看来,上天只对受选之人施以恩惠,而所谓受选之人,就是诺斯替主义者。如果承认世界上存在恶,我们接下来一定会问:这些恶是从哪儿来的呢?它是什么?普罗提诺在论文 51(I.8)处理了这些问题,而实际上论文 47(III.2)和论文 48(III.3)就已经提到了这个问题。后两篇论文原本是一篇,但是被波斐利生硬地一分为二,它们处理的都是关于神意的经典主题,关于这一主题,普罗提诺已经在论文 27(IV.3)15-16,论文 28(IV.4)39,以及论文 39(VI.8)17 中确立了自己的立场。

在两篇《论神意》(47 和 48)中,普罗提诺解释道,神意要被理解为"理性"(logoi)整体,不是就其产生和安排物质而言,而是就其保障此种安排得以延续而言,这个世界仅仅是理智世界结构的投影。作为柏拉图的弟子,普罗提诺追随《蒂迈欧》与《礼法》第十卷中的理论。在这个方面,斯多亚学派是他真正的盟友。尽管人们可能并未察觉,但是恶的确有用,只要切换到一个更宏观的视角就可能发现:某些特定视角下被认为是"恶"的东西,在一个普遍的视角下,就可能有自己的用途。不过,普罗提

---

① 参见 Proclus, *On the Existence of Evils*, trans. Jan Opsomer and Carlos Steel, London: Duckworth, 2003。

诺并不仅仅重复斯多亚学派的理论，他在自己的形而上学和宇宙论语境中取代了这个理论：

> 可以确定，在整个宇宙之中，随这些恶而来的影响与后果，都直接取决于理性原则，因此也是理性的；譬如，通奸可能带来一个健康的孩子，他可以成为更好的人，或者，处决俘虏可能会带来一个比受恶人劫持的城邦更好的城邦。（论文47［III.2］18.14-18）

为了说明自己的观点，普罗提诺使用了好几个比喻，其中有三个值得一提：（1）普罗提诺将神意比作将军（论文48［III.3］2）；（2）他将宇宙比作一棵树，所有的部分都依赖同一个树根和相同的本原，即灵魂（论文48［III.3］7）；（3）人类生活就像一出戏剧，理性就像剧作家，这里所说的理性是包含了所有"理性原则"的世界灵魂（论文47［III.2］18.19-25）。他没有否认世界上存在恶，但是认为神不是世界之恶的原因。[①] 神意可以利用恶，但却不是恶的原因。问题由此而来，那么，恶究竟是在什么时候进入这个世界的呢？

---

① 柏拉图：《理想国》X.617e；《蒂迈欧》42d。

（二）质料是恶的源头吗？

在《论恶的起源》第三节末尾，普罗提诺给出了一个明确的答案：恶的源头就是质料。

> 因此，那承载外表、形式、形状、尺度与限制的，被某种属于其他事物的装饰物所装点，没有它自己的善，和存在相比它只是影像，它就是恶的实在（如果"恶的实在"确实存在的话）；这就是我们的论证所发现的原初之恶、绝对之恶。（论文 51 [I.8] 3.35-40）

"承载的本性"指的只能是质料，因为这里用来形容它的表达（"和存在相比它只是影像"）对应了论文 12 对质料的描述（II.4.5.19）："那承载者是一个影像（*eidôlon*）。"[①] 虽然在后者中，普罗提诺强调用 *eidôlon* 描述质料并不那么合适。在这里，这个词指的不再是影像与模型之间的相似性，因为在涉及质料时，就无所谓相似了。因此，*eidôlon* 指的就仅仅是一种相对于存在的、本体论意义上的缺失。正是由于质料完全缺乏"理性"，也即缺乏形式，从而不具有可理解性，因此，质料可以被视作绝对的

[①] 另参见论文 26（III.6）7.13, 18, 24。

恶。事实上，将缺陷与不足引入我们世界的罪魁祸首正是质料。如普罗提诺所说："那么同样地，形式（*eidê*）在质料之中的存在，不同于形式自在时的存在；它们是内在于质料的理性原则（*logoi enuloi*），在质料中被腐蚀，并受到其本性的感染。"（论文51［I.8］8.13-16）[①]恶恰恰寓于消极的因果性之中：作为理性原则的形式将质料组织起来，但是反过来，质料也对形式施加了一种反作用，这显著地弱化了形式的力量并败坏了它。这就是恶的原因。

（三）质料由灵魂生产

普罗提诺的这个立场很明确，但是它隐含了一个很成问题的后果。质料这个恶的源头是世界灵魂较低的部分（即植物性灵魂）产生的。从最早的论文开始，普罗提诺就已经形成了这个立场：论文13（《九章集》III.9）3.10-15以及论文15（《九章集》II.4）1.5-10；在论文27（《九章集》IV.3）9.20-29以及论文33（《九章集》II.9）12.39-44也提到了它。

理念在实体灵魂之中以理性原则的样态存在。然后，它生产

[①] 这个论证分为两个阶段。普罗提诺首先利用了亚里士多德主义的经典主张，即在身体之中，形式不能同质料分开。接着，他主张由于这种不可分割的关系，质料"污染"了形式。

出世界身体，以及这个身体的容身之所，即质料：

> 事实是这样的，如果身体不存在，灵魂就不会出发，① 因为除了身体之外，再也没有天然适宜灵魂栖居的处所了。但是如果灵魂打算出发，它将为自己制造一个处所，② 也就是一个身体。我们可能会说，灵魂的静止就是静止本身；③ 一道巨大的光从中照耀而出，在这光最外层的边缘就是黑暗。灵魂看见了这黑暗，既然这黑暗是作为形式的基底而在那里，灵魂便赋予它形式。我们知道，在灵魂界限之外的东西④ 不能不分有理性⑤ 而存在，就好像所谓的"在昏暗中保持昏暗"。就这样，生

---

① 我将 *proerxesthai* 翻译为"出发"，它的本来意思是"前进、行进"。

② 处所是身体出现的必要条件，因此灵魂生产处所，随后由灵魂所占据的身体去占据这个处所。

③ "静止本身"是理智之物，《智者》中最重要的一个种；参见 Luc Brisson, "De quelle façon Plotin interprète-t-il les cinq genres du *Sophiste*？(*Ennéades* VI.2 ［43］8)," *Études sur le Sophiste de Platon*, ed. Michel Narcy, Napoli: Bibliopolis, 1991, pp. 449-473。

④ 那就是身体；参见论文 13（《九章集》III.9）3.2，并结合 J. Laurent 与 J.-F. Pradeau 的相关注释。

⑤ 出于多种考虑，我通常将 *logos* 一词翻译成单数的"理性"（reason），或者复数的"理性原则"（rational formulas）。单数形式时，也即是在理智的层面，甚至灵魂实体的层面上，它指包含了所有 *logoi* 的整体。复数形式则更为复杂，既然在普罗提诺看来，生产的过程与沉思密不可分，那么 *logoi* 就同时是理性的内容、规则、法则，或者表达方式，它指导世界灵魂低级部分生产出可感实在。假如不那么严格，我们或许可以将"理性原则"等同于计算机的"程序"。

成的世界接受了它（理性）。①（论文 27［IV.3］9.20-29）

在这篇论文第 9 节的开头，普罗提诺再次强调，对世界产生的描述带有时间性，完全是出于教学的目的，②关键在于厘清，世界身体与世界灵魂不可分割地联系在一起，世界灵魂不可能"进入"这个身体之中，因为每个灵魂都与身体相联结，这样一来灵魂就不仅仅制造了这个身体，而且制造了质料，质料为身体提供了处所，而在普罗提诺看来生产本身就是下降。世界灵魂的低级部分制造出质料，遵循着与理智制造出灵魂、太一制造出理智相同的必然性。③

普罗克洛斯在《论恶的存在》31 对普罗提诺的这个学说提出了猛烈的批判。在普罗克洛斯看来，以下两种说法必有一种为真：我们要么让善成为恶的原因，要么承认有两个存在的本原。④

---

① 我采纳抄本中的读法 to legomenon：hoion (ton logon) edexeto（这个动词在《蒂迈欧》中指的是 khora，普罗提诺将它等同于质料，to legomenon amudron（质料）en amudrôi tôi genomenôi（世界）。因此，存在着两个阶段：（1）灵魂生产出质料；（2）然后它通过 logoi 为其赋予形式。参见论文 15（III.4）1.8-17。

② "出于教学的目的"（didaskalias kharin）这一表达来自色诺克拉底（Xenocrates），他借此说明《蒂迈欧》中世界表面上的时间性起源；参见普鲁塔克：《论〈蒂迈欧〉中灵魂的生成》（On the Generation of the Soul in the Timaeus）1013a, 1017b；另参见论文 6（IV.8）4.40 ff.，论文 50（III.5）9.24。

③ 参见论文 10（V.1）3；论文 7（IV.4）2.27-44；论文 33（II.9）8.20-25。

④ 关于这一批评，参见 J. Opsomer, "Proclus versus Plotinus on Matter (De mal. subs. 30-37)," Phronesis, vol. 46 (2001), pp. 154-188。

这使我们进退维谷,假如是第一种情况,那么善就不再是最好的了,因为它产生了恶;假如是第二种情况,善就将失去绝对本原的地位。在哲学论证的层面上看来,普罗克洛斯提出的两个问题是一个难以摆脱的双重矛盾。但是,这一矛盾并未将普罗提诺用以形容世界灵魂低级部分产生质料的意象考虑在内。根据这个意象,被视作质料的黑暗,实际上是由理智之光产生出来的,因此终归也是由其源头——至善的太一——产生出来的。然而这个产生本身就是一组不可分割、必然的对立,因为假若没有黑暗,就不存在光,反之亦然。这也是必然的,因为倘若身体存在,质料就是不可或缺的。① 此外,质料不能被置于与至善的太一相同的层面,因为它不具有性质,从而也缺乏一致性。而且形式与质料、光与暗,在身体之中都是不可分离的,质料并非自主的,而是依赖光。②

(四)灵魂的堕落

如果我们认为,质料就是世界上恶的最终源头,那么不管怎

---

① 普罗克洛斯在说明恶的时候也利用了这一意象,参见《〈巴门尼德〉评注》(*In Parm*) III.832.21 ff。

② 对这一论证的批评参见 D. J. O'Meara, "The Metaphysics of Evil in Plotinus: Problems and Solutions," *in Agonistes: Essays in Honour of Denis O'Brien*, eds. J. Dillon and M. Dixsaut, Aldershot: Ashgate, 2005, pp. 179-185。

样我们都必须回到整体灵魂那里去，因为所有个别的灵魂（世界灵魂和所有的个体灵魂）组成了单一的灵魂。因此，质料就不再被认为是恶的充分原因了，因为假若不存在灵魂的"情感"（pathos, affection）——表现为倦怠以及从自身之中撤离的渴望，那么质料就根本不会出现。所以，即便质料的出现扰乱了灵魂的活动，但恶的出现不仅仅取决于质料，在更根本的层面上，还取决于灵魂的一种原初"情感"，它先于可感物。正是由于整体灵魂的这种原初情感，灵魂堕落了，质料出现在世界上也是这个原因：

> 这就是灵魂的堕落，①它就这样进入质料并变得软弱，因为它未能运用所有的力量；②质料占据了灵魂的处所，③使之变得拥挤不堪，④从而阻碍了灵魂的到来，并通过某种偷盗得来的东西作恶；⑤直到灵魂成功地逃离，回到那更高的状态。所以，质料是灵魂软弱（astheneias）和邪恶（kakias）的原因：在灵魂之前，它自身就是恶的，就是原初的恶。即便灵魂产生

---

① 除了这里之外，ptôma（堕落）这个词还出现在论文 26（III.6）6.61。这个词在《九章集》里只出现过这两次。

② 灵魂的理智力量留在理智世界之中，并没有为了管理可感事物而与灵魂一起"下降"。

③ 身体由质料和形式构成。

④ 参见柏拉图《会饮》206d：一旦靠近丑的事物就会"收缩"。由于这种收缩，灵魂未能发挥出自己的全部力量，而将自己的力量局限于那些为了管理身体而驱动的活动。

⑤ "偷盗得来"是对 klepsasa 的翻译。质料通过将自身作为一个与形式或者"理性"相联系的因素而强加给身体，从而掳获了身体。

出了质料，① 以某种方式受到影响（pathousa），② 并和质料往来从而变得邪恶，但质料的出现才是原因：要不是因为它的出现给了灵魂下降的机会，灵魂就不会与之结合。（论文 51［I.8］14.44-53）

这个段落非常难以解读。最根本的问题在于 pathousa，我们应该如何理解这个词？不能在时间性的意义上理解它，否则我们就必然会落入奥布莱恩所说的矛盾之中：灵魂唯有在受到质料的影响之后，才能产生出质料。③ 所以，应该在因果性的意义上理解分词 pathousa。但这里又出现了另外两个问题：第一，灵魂之中是否可能存在 pathos（情感、受动）；第二，这种 pathos 的本质是什么？

如果像波斐利不厌其烦地在《章句》中重复的，同时也是普罗提诺自己说的（论文 9［II.9］9.15-20；论文 26［III.6］1.25-30），

---

① 因此，神并非产生质料的原因。
② 这个短语很难解读。如果质料的产生仅仅是这种影响的结果，那么灵魂是受到了什么东西的影响，又是如何受到这种影响的呢？或许 pathousa 在这里有特殊的含义：它指一种理性事物内部的影响（因为可感事物和质料都还不存在）。我们或许会由此引出个体灵魂感受到的"倦怠"，以及普罗提诺在论文 6（IV.8）4.11 中提到的，灵魂突然意欲"属于自身"。以类似的方式解读灵魂的"影响"。此外，奥布莱恩对这一短语以及它的各种翻译和解读做了细致的讨论。在他看来，这段文本的目的在于证明，在产生质料之前灵魂的软弱只是恶的部分原因，而不是充分原因。直到质料被生产出来，恶才在灵魂之中滋生。Denis O'Brien, *Plotinus on Evil*, in *Le Néoplatonisme*, 1972, pp. 135-139。
③ Denis O'Brien, *Théodicée plotinienne et théodicée cosmique*, Leiden: Brill, 1993, pp. 28-35。

灵魂是纯粹的实现活动，从而不会屈从于被动性，那么灵魂是如何受到影响的呢？我们如何解释灵魂遭受影响的可能性呢？对于这个问题，或许根本没有毫无争议的答案。于是，我们就只好诉诸前文提到的那个灵魂"倦怠"的隐喻，它本身仅仅是一个意象，旨在说明这个低于理智的"实体"存在缺陷。

无论如何，让我们姑且接受这一点——灵魂受到了影响。但这种影响又是什么呢？普罗提诺试着回答这个问题：

> 但是灵魂［指整体灵魂］总是在上界，那是它的自然处所，在它之后是宇宙，既包括与之毗邻的部分，也包括太阳之下的部分。① 当部分灵魂朝着先于它的事物行进时，就被照亮，因为那样它就与实在相遇；但如果它朝着后于它的事物行进，就是朝着非存在行进。而当它朝向自身行进时，是因为它想要（*boulomenê*）被引向自身［还是指整体灵魂］，它由此制造出一个自己的影像，② 非存在者，就像在虚空（*kenembatousa*）中行走，并变得更加不确定；③ 这个不确定的影像在各方面都是

---

① 一方面是天体，另一方面是大地。
② 这个影像指植物性灵魂。
③ 这种灵魂生产的所谓"非存在"的影像就是质料。至少，这是我们可以通过与论文12（III.4）比较推断出来的。这个证据似乎反对那种认为质料由灵魂产生的阐释。但是我认为，灵魂生产质料确实是普罗提诺的观点。奥布莱恩在对论文13第3节的评论中，（转下页）

黑暗；因为它全然没有理性，无法理知，且远离实在。（论文13［III.9］3.6-14）

在这段文本中，我们看到了整体灵魂和部分灵魂。通过部分灵魂，即世界灵魂的低级部分，或者说整体灵魂的影像，整体灵魂虽停留在理智世界之中，仍生产出质料，作为其光照的界限。这个生产活动源自一个意愿，而这个意愿是被镌刻在灵魂的本性之中的。这是不可避免的，对个体灵魂（人类与动物灵魂）而言也是如此。部分灵魂无法抗拒寓居在既有的身体之中。因此，部分灵魂退回到自身之中，在虚空里行进，具有不确定性，这些都反映出一种不完美，一种相对于更高事物（即理智）的缺乏（论文33［II.9］13.27-33）。这就是我们为什么很难使用"罪"（sin）这个字眼。灵魂并没有违抗理智：它只是受到了缺乏的影响，因为它不是理智，也正是这种影响引发了它的堕落。

二、人类之恶

我们现在来看看在这个世界之中人类导致的恶，它可以被称

（接上页）重构了这里的论证，并给出了所有相关的文本，参见 Denis O'Brien, "La matière chez Plotin: son origine, sa nature," *Phronesis*, vol. 44 (1999), pp. 45-71，特别是 pp. 66-70；另参见论文 11（V.2)1.18-21 的类似说法。

作 "积极之恶"，它很重要，也十分常见，这是由于这种灵魂的原初软弱导致的。

（一） "积极之恶"

在人类之中，我们需要先区分原初之恶和次生之恶，前者是关于灵魂的，后者是关于身体的（论文51 ［I.8］8.37-44）。灵魂之中的恶只能够来源于某些身体的品质（论文51.8.1-11）。普罗提诺称，这种受《蒂迈欧》(81e-92) 启发的解释只能被部分接受。用来说明这种身体倾向的并不是形式本身，而是一种既不能组织，也不能完全控制质料的形式（8.11-28）。正是从这个观点出发，也仅仅从这个观点出发，我们可以说，身体的品质决定了灵魂的状态（8.28-37）。次生之恶来自身体的不当运转，尤其是在疾病的例子中，这些与对可感世界的管理有关，因此在根本上属于质料。

我们又应该如何理解那种在灵魂之中，并不取决于身体的不当运转的原初之恶呢？三种假说应运而生，论文51逐一反驳了它们。① 第一，如果恶是善的缺乏，那么就无须在缺乏之外，为人类灵魂之恶的根源另寻原因了（论文51.11-12）。然而，缺乏从来

---

① 拉沃对这篇论文的译本引言很好地表达了这一点，参见 L. Lavaud, *Plotin, Traités 51-54 et Porphyre, Vie de Plotin*, Paris: Flammarion, 2010, pp. 23-26。

不是自己存在的，而总是存在于其他事物之中，灵魂并不拥有善的缺乏。此外，灵魂之中的恶只是部分的缺乏，而非完全缺乏。第二，有人会认为，灵魂中的恶是一种障碍，就像眼睛的残障会产生很差的视力（论文51.13.1-2）。然而，在这里被等同于障碍的恶，并非原初之恶，因为障碍的产生必定另有根源。普罗提诺以同样的方式回应了这两种反驳。毋庸置疑，在恶之中，缺乏或者障碍都不鲜见。然而缺乏和障碍都并非原初之恶：当然，它们可以对恶"有所贡献"（就像德性对善"有所贡献"一样［论文51.13.6］），但它们不是恶原初的、根本性的原因。第三种观点将人类灵魂中的恶定义为灵魂的软弱（论文51.14）。但是灵魂软弱的原因正是质料：

> 如果这种倾向是朝向下界事物的光照，它就不是一种过错（hamartia），就好像投下影子［即身体］不是一种过错一样；受到照耀之物［即质料］① 才是原因，因为倘若它不存在，灵

---

① 这是流溢的最后阶段，因此，也是对恶的解释。下降的灵魂，或者更确切地说，是下降得最深的灵魂，即世界灵魂中的植物性力量，产生出了质料。根据光与照亮的比喻，再没有任何东西留待质料照亮：它是完全的阴影。论文51.14提醒我们，无论质料多么渴望，它都不能够接受来自灵魂哪怕最少的光照。因此它是阴影，是灵魂感知到的黑暗，灵魂会努力给予质料一些光亮。论文27（IV.3）9.26-28对此做了解释，普罗提诺写道："灵魂看见了这黑暗，既然这黑暗是作为形式的基底而在那里，灵魂便赋予它形式。我们知道，在灵魂之外者不能不分有理性而存在，就好像所谓的'在昏暗中保持昏暗'。"当这黑暗接受了形式或光亮，（转下页）

魂就无处可以照耀。① 说灵魂下行或下倾的意思是，接受灵魂之光的事物与灵魂共同生存。② 如果没有现成的事物去接受它，它就抛弃了自己的影像；③ 灵魂抛弃影像，并非与之割裂，④ 而是说这个影像不复存在：当整体灵魂看向理智世界时，影像就不复存在了。（论文 53［I.1］12.24-30）

当黑暗即质料，接受了形式（*eidos*），即灵魂之中的"理性原则"（*logos*）或光照，它就成了身体。因此，普罗提诺所说的"受到光照之物"⑤ 指的就是质料。身体是质料受到光照的产物，由于灵魂将身体作为载体，所以身体也必定会受到灵魂的光照。严格说来，无形体的灵魂并没有"进入"其产物——身体，因为它仍

（接上页）它就变成了一个身体。这个作为灵魂产品的身体，就是普罗提诺在这里说的"被照亮的东西"。身体被灵魂的力量激活，正是身体这个实在应该单独为过错负责。并不是灵魂进入了它的产品，它并不是按字面意思"进入"它们，而是这些产品滥用了施加在它们上面的力量。普罗提诺以一种论战的方式对此进行解释，他指责诺斯替主义者们，称他们未能以正确的方式理解"对黑暗的光照"。

① 因此，在灵魂之后必然还存在某种东西需要灵魂的力量，为的是灵魂屈就它。这也就是说，这并非灵魂主动造成的，也不是其缺陷导致的，原因在于灵魂需要照看（或给予形式）那些无法自己照看自己的东西。因此，它赋予黑暗"最后的形式"（参见论文 49［V.3］9），所以黑暗才应对这种倾向负责。

② 因此，这就是与它共存的身体。这个动词"共同生存"（*suzên*）是普罗提诺的特殊用法；柏拉图与亚里士多德常用它来指人们（在城邦内）的公共生活，或者生活在他人之中。

③ 那被照亮的以及与灵魂毗邻的是同一个东西，即身体。

④ 这是对自杀的批判。

⑤ 同样的词汇，参见论文 27（IV.3）9 或论文 13（III.9）3.2。

与理智事物保持联系。不过，相较于无形之物，灵魂的注意力可能会更多受到身体的吸引，这正是恶的原因。这就是波斐利在《章句》（29与32）中所说的 prospatheia，即灵魂与身体过分的联结。为了揭示诺斯替主义者在理解"对黑暗的光照"①时所犯的错误，普罗提诺提出了一个富有论战色彩的解释，问题就此变得复杂起来。事实上，并不是同质料的关系使灵魂变恶，真正的罪魁祸首是灵魂与身体之间过于紧密的联系，而身体是由质料构成的，尽管灵魂仍与理智事物保持联系。②

（二）个体灵魂原初的软弱

然而，为了说明个体灵魂中的恶，我们必须更进一步，解释为什么在这个世界上既有善的灵魂，也有恶的灵魂。在这个世界上的恶，与一种预先的恶有关：

---

① 参见论文33（II.9）10，以及杜福尔（R. Dufour）的阐释。
② 比如论文6（IV.8）8.1-4："如果有人敢更为清楚地表达他自己与其他人不同的观点：即便是我们的灵魂，也没有完全下降，它有某些东西始终留在理智世界"；论文22（VI.4）14.17-22："但我们是谁？我们是与之靠近并在时间中生成的东西吗？——不，在这生成过程之前，我们就已经在那儿了，我们曾是不同的人，我们中甚至有一些是神、纯粹的灵魂，以及与整个实在相结合的理智；我们是理智事物的一部分，没有被划出去，没有分割，而是从属于整体；而即便现在，我们也没有被分割"；论文27（V.3）12.1-5："但是人的灵魂看见它们的影像，就像在狄奥尼索斯的镜子中一样，从上界一跃而下，就来到了那个层面；但即便是这些灵魂，也仍没有与其本原、理智分割。它们并不是和理智一同来到下界，而是先于理智下到地上，它们的头都稳稳地待在天上。"

> 灵魂的过错（hamartias）可以指两件事，一个是下降的过程，另一个是当灵魂到达下界之后作恶，对前者的惩罚就是下降本身，而对后者的惩罚则是进入其他更为次级的身体，非常快速地，① 根据其道德价值审判② ——审判意味着神的裁决；但是，无界限的那种恶（kakias）会被处罚之精灵（chastising spirit）裁以更大的处罚。③（论文 5 [IV.8] 5.17-24）

我们需要注意，对于在这个世界中犯下的过错，惩罚都是通过转世来执行的。④ 然而，恶在个体灵魂中的出现，实际上是以一种原初的"遭受"为前提的，与普遍灵魂相似，这种遭受先于可感事物，先于那种专属于质料的因果关系。

1. 灵魂之间的差异

个体灵魂彼此之间存在着巨大的差异：

---

① 这句话的句法非常糟糕，带来了理解上的巨大困难。我的理解是，灵魂以两种方式犯下过错：第一种是下降，第二种是在这个世界中犯下恶行。对第一种过错的惩罚就是下降本身；而对第二种过错，如果是寻常的错误，那么处罚就是转生为更低等的动物，如果是极为严重的错误，就要受到复仇之神的处罚。

② "根据其道德价值审判"（*ek kriseôs tês kat' axian*）指的肯定是柏拉图在《高尔吉亚》与《理想国》的末尾所描绘的那种审判。

③ "处罚的精灵"（*epistasiai tinumenôn daimonôn*）指《斐多》81d 提到的那种惩罚，二者用了同样的动词 *tinousa*（处罚）。

④ J. Laurent, "La réincarnation chez Plotin et avant Plotin," in *L'Homme et le monde selon Plotin*, Paris: ENS éd. et Ophrys, 1999, pp. 115-137.

> 尽管可见的诸神（visible gods）中有质料，但是没有恶，也没有人类的那种邪恶——甚至连人类都并非全部拥有这种邪恶；可见的诸神掌控着质料，而那些完全没有质料的神是更好的，他们通过那些存在于他们之中、而不在质料之中的东西来掌控质料。（论文 51 [I.8] 5.30-34）

诸神与精灵的灵魂位于更高的层级，那里不存在恶；甚至有一些人类的灵魂——很可能就是哲学家——也没有恶。其他灵魂或好或坏，一部分取决于它们所处的环境，但更为根本的是它们从一开始就是不平等的。

> 依据处境不同，① 人类灵魂或好或坏，也因为从一开始，② 它们就并非全都位于同一个层级之上。（论文 47 [III.2] 18.1-2）

早在论文 6（IV.8）4 中，我们就已经看到了这种想法：

---

① 例如，灵魂可能受到质料的有害影响；参见论文 51（I.8）4.12-32。
② 柏拉图的《斐德罗》解释说，即便在第一次坠入身体之前，灵魂对理智的沉思就不完全相同（248a-c）。正如命定的等级所解释的那样，灵魂沉思的不平等导致了它们第一次化作肉身时的不平等：有的成了动物，有的成了智慧之人，有的成了政治家，等等。普罗提诺在论文 48（III.3）4.44-45 讨论了这个问题。

> 但是它们从整体变成了部分，从属于它们自己，就好像厌倦（kamnousai）了在一起，各自分道扬镳。① 假如一个灵魂长期如此，从全体之中飞离，在特殊性之中茕茕独立，并不再看向理智事物，它就变成了一个部分，变得孤立、软弱、大惊小怪，并且只看着部分。由于同整体分离，它就投身到一个具体之事上去，② 也因此从其他所有事物中飞离。（论文6［IV.8］4.10-16）

尽管存在这种差别，人仍然对自己的行为负有责任，③ 因为既然它的理智一开始就被赋予了某种力量，那么人类灵魂作为一种同身体相结合的功能，在其存在的过程之中，就能够使这一力量发生变化。

2.《斐德罗》的神话

在《斐德罗》的核心神话中，柏拉图很清楚地标明不同灵魂之间存在着巨大的差异：

---

① 正是这种孤立与退却到自我之中的运动，说明了个体灵魂的来源。
② 身体从此成为灵魂关注的唯一对象。
③ 参见论文47（III.2）10。

这就是诸神的生活。① 至于其他灵魂，最紧密地追随着神的那些灵魂与神最为相似，它的御马者仰起头，朝向天外，② 与其他天体一同做圆周运动。虽然受到马匹的干扰，这个灵魂仍然可以勉强看到实在。另一个灵魂则时而上升时而下降，这是因为它的两匹马将它拉向不同的方向，它窥见了一些真实之物，也错过了一些。剩下的灵魂也不遗余力地想要迎头赶上，但是却无法上升；它们被带至下方的地面，互相践踏、碰撞，个个争先恐后。结果就是一片嘈杂，大汗淋漓，杂乱无章。因为御马者的无能，很多灵魂都摔瘸了腿，有的弄折了羽翼。经历了这样多的困苦艰难，它们全都对实在的胜景意犹未尽，离开之后，它们会依赖自认为的养分。它们之所以如此热切地想要一睹真理屹立的原野，③ 就是因为在这片牧场生长的牧草，是灵魂最好部分的合宜食粮，带着灵魂上升的羽翼得到这些牧草的滋养。

这就是命运之神的法则。④ 如果哪一个灵魂成为神的同行者，并捕捉到了任何真实之物的光，它在下一次环行之前就不会受到伤害；假若它每一次都能得偿，它就会始终安全。但另

---

① 参见论文51（I.8）2.25-26；论文9（VI.9）11.48-49。
② 参见论文52（II.3）12.5；论文31（V.8）36-37。
③ 参见论文20（I.3）4.11；论文38（VI.7）13-34。
④ 参见论文22（VI.4）16.3-4。

> 一方面，假若它因为不能赶上，未能看见任何真实的东西，并且出于某种不幸（suntuchiai）而背上了遗忘与恶行的重担，那么它就会不堪重负而下坠，羽翼剥落掉到地上。在这个时候，根据法则，灵魂在第一次轮回时不会降生到野兽之中；看到最多的灵魂，会在这样一个男人身上生根发芽，他热爱智慧或美，或者有艺术造诣、充满爱欲。① 第二类灵魂……（《斐德罗》248a-d）

对于这些来自《斐德罗》的著名段落，普罗提诺了然于心，也时常援引。② 如果坠落到地上的人类灵魂摔瘸了，这并不是它们的错。这是由于它们和其他灵魂一样，争先恐后地想要一窥理智事物，才受到其他灵魂的打击，这应归咎于其御马者（理智）的软弱。此外，当灵魂远离理智事物时，它们用意见来滋养自己，这些意见与影像（eidôlon）有关，而灵魂正是由这些影像构成的。

应当注意，普罗克洛斯试图将这一段来自《斐德罗》的文本，与普罗提诺将质料视作恶的源头对立起来：

---

① 参见论文 5（VI.9）7.27-28。
② 参见论文 27（IV.3）12；论文 31（V.8）10；论文 9（VI.9）24。

如果灵魂遭受软弱和堕落，这并不是因为质料，因为这些［缺陷］在身体与质料之前就已经存在了，而且以某种方式，恶的原因也先于［灵魂下降进入其中的］质料而存在于灵魂自身之内。那么，在追随着宙斯的诸灵魂之中，有的御马者仰起头进入到外域，而其他的却力所不及只能沉沦，而且它就像受到那胜景的挫顿，而转开视线，关于这一点，还有什么别的东西可以来解释吗？事实上，在这些灵魂身上，怎么可能出现对存在的"遗忘""不幸"及"沉重"呢？因为"那分有恶的马，变得沉重，并趋向地面"，而这里并没有［涉及］质料。事实上，唯有灵魂坠落到地上之后，它才同这下界的质料、黑暗产生联系。然而在那上界，在质料和黑暗之前，就［已经］存在着软弱、遗忘和恶；因为假如不是出于软弱，我们就不会离开，即便在远方，我们仍坚持着对存在的沉思。（普罗克洛斯：《论恶的存在》33.1-12）

有对话者向普罗提诺提出了这一批评，普罗提诺在论文 51 中对此进行了回应：

对话者：但是如果对善的缺乏，是看见黑暗并与之相伴的原因，那么灵魂的恶就在于其缺乏，这就将是原初的恶，黑暗倒可以退居第二位，那么恶的本质就不再是质料，而是在质料之前了。

普罗提诺：是的，但是恶并不是某种缺陷，而是绝对的缺陷；一个只是略微缺乏善的事物并不是恶的，因为它仍然能够在其自身本质的层面上变得完美。（论文51［I.8］5.1-5）

普罗提诺并没有真正回应这个反驳，或者说他进行了回应，但却是在灵魂这个上游层面，而非在质料这个下游层面。我们可以说质料的出现解释了个别的、相对的恶，但质料本身才是绝对的恶。不过我们也许会感到疑惑，为什么灵魂生产出了质料这个绝对的恶。于是我们被带回到这一事实：灵魂存在缺陷（elleipsis），或者说相对于至善有所缺乏。灵魂内在的软弱迫使它屈服，而看起来，这种软弱实际上早于任何灵魂同质料的关系，正如文本所说，它"先于"质料。普罗提诺这样描述灵魂的缺陷：虽然在此之前它都保持着朝向理智世界，"但是它们从整体变成了部分，从属于它们自己，就好像厌倦了在一起，各自分道扬镳"（论文6［IV.8］4.10-11）。不管怎样，无论是灵魂自身还是个体灵魂，我们都会发现，恶的根源是一种软弱、一种缺陷、一种缺乏，无论是绝对之恶——即质料，还是相对之恶——即人类灵魂的错误行径。当然，我们不能将它称为"原罪"，因为灵魂与善之间原本就存在着距离，这并非出自灵魂的预先选择，而是出于一种必然性。

3. "悲剧式的错误"

事实上，这种虚弱、倦怠，并不先于灵魂存在，而是同这个或那个灵魂相关。因此，相较于"原罪"，这更容易让我们联想到萨义德提到的"悲剧式的错误"，她的这部著作在法国大获成功。① 悲剧接过并改编了神话的主旨，在悲剧之中，犯下过错的英雄往往是其自身处境的受害者，而他既意识不到这一处境真正的原因，也预料不到其后果：俄狄浦斯在浑然不知的情况下杀死了父亲，迎娶了母亲，这一切都是由于一则神谕被透露给他的父拉伊奥斯（Laios）而引起的，拉伊奥斯处死了克律西波斯（Chrysippus）——珀罗普斯（Pelops）的另一个儿子，从而受到坦塔罗斯（Tantalus）之子、阿特柔斯（Astreus）与提俄斯忒斯（Thyestes）之父珀罗普斯的诅咒。坦塔罗斯通常被认为是宙斯之子，据传，他曾因为将诸神的秘密透露给凡人而遭受处罚。用多茨（Dodds）的话来说，这种"悲剧式的错误"基于一种"遗传性聚合"（inherited conglomerate），我们甚至可以将它同苏格拉底的名言结合在一起："无人有意作恶"，普罗提诺在论文 47（III.2）10 中回应对话者时阐释了这句话。人类灵魂并不为它原初的软弱状态负责，这种软弱归根结底是出于必然性的，但是，假如灵魂

---

① Suzanne Saïd, *La faute tragique*, Paris: F. Maspero, 1978.

没有努力脱离肉体的影响，未能充分利用将其引向善的理智，那么这就是灵魂的责任了。

我认为正是这种在"悲剧式的错误"与"原罪"之间的对立，解释了普罗提诺与诺斯替主义的对立。唯有在宗教的语境之下，"原罪"的概念才有意义——一切事物都依赖一位全能的神，而人类却选择悖逆他；由于原罪是第一对人类夫妻所犯下的罪行，所以它预先存在于每一个个体灵魂之中。普罗提诺无法接受这个宗教语境，他忠诚于希腊传统与更为复杂的诠释过错的方式，他将这些过错视作来自原初的软弱，为了将自己从中解放出来，我们必须承认这种软弱。

论文47（III.3）与48（III.3）解释说，由于世界灵魂通过它的神意管理这个它创造的世界，在理智之物中四处遨游，所以世界灵魂就不应当知晓恶。但是这一结论无从得出，否则我们应当如何解释世界上的恶呢？论文51（I.8）8.13-16解释道，这个世界中的恶来自整体灵魂中原初的软弱，它产生了质料，就好像黑暗必然跟随着光亮。此外，个体灵魂为之负责的恶，则取决于个体灵魂在进入身体时同理智之物的距离。然而，这种原初的缺陷不能归咎于个体灵魂，就好像软弱促使整体灵魂生产质料，但这种软弱也不应归咎于整体灵魂一样。不过，为了重新上升回到理智世界，个体灵魂应该努力将自己从由形式与质料共同构成的身体的影响中解放出来，并承担努力程度不同带来的后果。除了柏拉图之外，普罗提诺还忠诚于希腊"悲剧式的错误"这一传统，《斐德罗》的神话（247e-249b）也表现出了这种倾向。这导致了普罗提诺与诺斯替主义的对立。后者置身于为"原罪"观念辩护的一神教传统之中，这是一个截然不同的宗教传统。这种罪在于对抗全能之神的法律，它来自亚当夏娃这第一对夫妻，并由此传递给每一个灵魂。

第七章 我们可以讨论普罗提诺的神秘主义吗？[1]

如果翻阅一下杜福尔（R. Dufour）整理的关于普罗提诺的研究文献，就会发现有一个字眼就像某种条件反射一样不断出现："神秘主义"。[2] 1950 年以来，一些专著和大量的论文都在讨论这个主题。这一章继续了我近年来对这个问题的研究，[3] 我会尽量少提到那些专著和论文，[4] 因为在这样的讨论中，我们需要严格

---

[1] 2010 年 5 月 23—26 日，在特鲁瓦的"神秘主义与哲学"会议上，我的发言题目为"现代神秘主义的古代和中世纪源头"，本章即是这一发言的修订版。这次研讨会让我受益良多，纳博恩（J.-M. Narbonne）对于普罗提诺自述的评论，迈克尔·查斯（Michale Chase）对野性神秘主义问题的评论，都给了我很大启发。2011 年 6 月 22—26 日，在亚特兰大举行的第九届新柏拉图主义协会年会上，我报告了本文英文版的部分内容。

[2] R. Dufour, "Plotinus: A bibliography 1950-2000," *Phronesis*, vol. 46 (2002), 233-410；2000 年之后的文献，参见 http://rdufour.free.fr/BibPlotin/Plotin-Biblio.html。

[3] Luc Brisson, "Peut-on parler d'union mystique chez Plotin?" in A. Dierkens and B. Beyer de Ryke eds., *Mystique: la passion de l'Un, de l'Antiquité à nos jours*, Bruxelles: Presse de l'Université de Bruxelles, 2005, pp. 61-72。

[4] 法语学界的研究参见 Pierre Hadot, "Les niveaux de conscience dans les états mystiques selon Plotin," *Journal de psychologie normale et pathologique*, vol. 77 (1980), pp. 243-266；G. Boss and G. Seel, eds., Hadot, "L'union de l'âme avec l'intellect divin dans l'expérience mystique plotinienne," in *Proclus et son influence*, Paris: Cerf, 1988；Jean Trouillard,（转下页）

使用"神秘主义"这个词，而误解往往是由于人们在讨论不同的东西。

这就是我为什么要首先探讨"神秘主义"含义的变迁，它最初只是古希腊语 mustikos 一词的转写，先是在古代，然后延续到中世纪。我的结论是，这个词现在的用法，实际上有强烈的基督教意涵。为了展现普罗提诺在这一领域极致的原创性，我将首先呈现普罗提诺在《九章集》中对自己"合一体验"（unitive experience）的描述，然后指出普罗提诺的合一体验与基督教神秘主义之间的根本差别。之后我会将普罗提诺的合一体验与大量非宗教的同类经验作对比，我的结论是，普罗提诺体验的最显著特征是关注理智，这也是我们从一种哲学语境之中期望看到的。

一、mustikos 在古希腊语中的含义

最初 mustikos 指的是秘仪（Mysteries），更具体地说，指厄琉西斯秘仪（Eleusinian Mysteries）。厄琉西斯秘仪是一些祭礼，与城邦宗教信仰并行，它就在距离雅典不远的一个地方举行，用以

（接上页）"Valeur critique de la mystique plotinienne," *Revue philosophique de Louvain*, vol. 59 (1961), pp. 431-444; Jean Trouillard, "Raison et mystique chez Plotin," *Revue des Études Augustiniennes*, vol. 20 (1974), pp. 3-14。英语学界主要的文章参见 J. Bussanich, "Mystical Elements in the Thought of Plotinus," *Aufsieg und Niedergang der römischen Welt*, II.36.7 (1994), pp. 5300-5330。

纪念德墨忒尔（Demeter）和她的女儿珀耳塞福涅（Persephone）。这个秘仪有两个阶段：小秘仪（Lesser Mysteries）向广大公众开放，而大秘仪（Greater Mysteries）则只保留给那些被选中的人。在大秘仪的第六天，在斋戒并饮用过 cyceion（一种我们一无所知的"神圣"饮料）之后，人们开始举行所谓的"入教仪式"（teletê, initiation）。这个仪式由什么构成呢？几乎可以确定，这些祭礼包含三个元素：drômena，戏剧表演；deiknumena，展示圣物；以及 legomena，对戏剧表演的内容进行评论。这些元素分别是什么呢？它们当中肯定包含了冥王哈迪斯（普鲁托，Pluto）强暴珀耳塞福涅（科莱，Kore），德墨忒尔寻找女儿的戏剧。我们不清楚，legomena 究竟是针对 drômena 的评论，还是针对 drômena 所改编的神话原本的评论。deiknumena 即展示圣物起着决定性的作用。厄琉西斯秘仪中最重要的祭司是大导师（hierophant），这个词语在词源学上就是"展示圣物之人"。这些圣物都是什么呢？我们没有确定的答案。但我们猜想是一些世代相传的迈锡尼文明的小型遗物，它们来自两个家族，他们声称自己具有举行秘仪的殊荣。秘仪使得入教的新成员进入受德墨忒尔和珀耳塞福涅——死亡与再生之神——所庇护的群体。

普罗提诺和波斐利在隐喻的意义上使用 mustikos，来指一类阐释神话的方式。这种阐释方式预设，在荷马、赫西俄德、俄耳甫斯诗歌的表层意思之下，还有深层的含义，它带领我们走向柏拉图的学说，从可感世界走向理智世界。波斐利讲述的这段轶事，很好地说明了这一点：

> 在柏拉图的节日上①我读了一首诗：《神圣的婚姻》。由于其中很多内容以神秘的方式（mustikôs）②表达出来，有很多关于神启的（met' enthousiasmoû）隐晦语言（epikekrummenôs），于是就有人说："波斐利疯了。"但普罗提诺大声说："你已经表明了你同时是诗人、哲学家以及神圣秘仪（hierophantên）的解读者。"③（波斐利：《普罗提诺传》15.1-5）

《神圣的婚姻》必然是一首寓言诗，描述了宙斯（代表理智）与赫拉（代表灵魂）的结合，可感世界得以通过自然的中介（即世界灵魂最低的部分）而产生。在《九章集》中，mustik- 只出现了一次，在论文 26（《九章集》III.6）19 的末尾，在寓意解读的语

---

① 苏格拉底与柏拉图的生日分别被定在阿尔忒弥斯与阿波罗的诞辰，也就是萨尔格利昂月（Thargelion）的 6 日与 7 日，这个雅典历的月份大概对应于公历的五月中旬至六月中旬。届时，人们会模仿《会饮》举行庆祝活动，大家一起读诗、发表演讲、讨论哲学问题。

② 用来标明波斐利朗诵的诗歌具有寓言特征的词汇，参见 Luc Brisson, *How Philosophers Saved Myths: Allegorical Interpretation and Classical Mythology*, Chicago: Chicago University Press, 2004, ch. 5。

③ 参见柏拉图：《斐德罗》244a-245c，这篇对话中提到了四种神赐的迷狂，在波斐利的文本中影射了其中三种：诗歌的迷狂、哲学的迷狂以及秘仪的迷狂。第四种迷狂也就是哲学本身，普罗提诺也用波斐利是一个真正的哲学家做了暗示。

境下，普罗提诺用性欲强盛的赫尔墨斯来比喻 *logoi*（理性原理）在自然之中的活动，将被动的质料比作库柏勒（Cybele）——大母神（the Great Mother），但她的祭司是一些阉人。

在这两种情形中，*mustikos* 指罗马帝国时期以来，柏拉图主义者在新毕达哥拉斯主义的影响下阐释神话的新方式。[①] 第一，柏拉图主义者的目标已经与斯多亚学派不同了，他们不再致力于在解释宗教仪式的神话中发现一个哲学系统，其中诸神同自然现象相联系（宙斯是雷）、同德性相联系（雅典娜是理性），甚至同伟大的人物相联系，而是运用那些关于可感世界的神话来触及另一种实在，也就是理智事物，它不是本原，而是来自太一这个本原。第二，如果我们将这种解读神话的方式与厄琉西斯秘仪相比较，尤其是最后的阶段，即观看圣物，我们可以称之为"神秘主义"：在神话的表层意思下，我们发现了一个深层的含义，从而使我们看见真正的实在，即理智事物。

在基督教中，古希腊词语 *musterion* 被翻译为拉丁语的 *sacramentum*，它仍然与厄琉西斯秘仪相关。[②] 圣餐礼使得分享者进入与基督的团契之中，基督保证了他们的拯救与复活。

[①] 参见 Brisson, *How Philosophers Saved Myth*, ch. 5。

[②] 参见 A. D. Nock, "Hellenic Mysteries and Christian Sacraments," *Mnemosyne, N.S.*, vol. 4 (1952), pp. 177-213。

语义的真正转折点发生在中世纪。让·格尔森（Jean Gerson，1363—1429），巴黎大学的校长这样定义神秘主义："一种对上帝的经验性/实验性的知识，它通过燃起合一之爱而实现。"① 这一定义后来得到了普遍的接受。事实上，这个定义最早来自多明我会（Dominican）的托马斯·阿奎那："有两种办法可以知道上帝的意志，或者他的善好。一种是思辨性的。从这个角度出发，我们不能质疑上帝意志的善好，也不能证明它，就好像不能去探询是否'神是甜的'。关于神圣之美，还有一种情感性的、经验性的知识：人可以在其自身之内，经验到神的温和与善意的滋味。"② 在这个语境中，"神秘主义"一词带有了论战性的意味，因为它反对在神的知识范围内进行"思辨"。思辨是在神学一方的，而经验是在神秘主义一方的。这里的"经验"要如何理解还有待澄清，这个词来自拉丁语的 experiri，既有"感受"的意思，也有"尝试"的意思，它指主体与一个异己事物遭遇，后者以某种方式使主体发生变化。在本章的第二部分，我将试着描述普罗提诺那里灵魂与本原的合一；在第三部分，我会去考察"神秘的"这个词是否适用于普罗提诺，如果适用，又是在什么意义上的。

---

① Jean Gerson, *Oeuvres complètes*, ed., Mgr Glorieux, vol. III, Paris: Desclée & Cie, 1962, p. 274.
② 阿奎那:《神学大全》II/II.97.2 ad 2。

二、普罗提诺和波斐利经历的灵魂与第一本原的合一

如果有人质疑"神秘主义"一词的恰当性，他可能会遭到如下反驳：即便用这个词来指灵魂与本原的合一可能不恰当，然而这种合一毕竟是一个现实，普罗提诺和波斐利都证实了这一点。我们只需要重读波斐利如何解读关于普罗提诺灵魂死后命运的神谕就可以看到。

> 他时常（pollakis）根据柏拉图在《会饮》中教导的方式，在思想上（tais ennoiiais）将自己提升到第一的、超越的神（ton prôton kai epekeina）那里，那位既没有形状也没有任何理智形式（mête morphên mête tina idean ekhôn），却凌驾（hidrumenos）于理智与一切理智事物之上（huper de noûn kai pan to noêton）的神，向这个精灵般的人显现（ephanê）。我，波斐利，时年六十八岁，现在宣布，有一次我同他十分接近（plêsiasai），并曾与之合一（henôthênai）。而普罗提诺则已接近目标（skopos），即与那位凌驾于一切事物之上的神（tôi epi pasi theôi）合一（henôthênai）、接近（pelasai）。我同他在一起时，他曾有四次，以无法言喻的实现（energeiai arrêtôi）达到了那个目标，而不仅仅是潜能地。（波斐利：《普罗提诺传》23.7-18）

我们注意到,波斐利在这个段落中两次谈到了"合一"(*henôthênai*),合一看起来是一个主动的过程,但这个动词却是以被动语态出现。

(一)合一是罕见而不同寻常的事件

波斐利在《普罗提诺传》中的证词在这一点上非常明确。在其生命的末尾,他68岁时,波斐利仅仅实现了一次与本原的合一,而他在普罗提诺身边的短短五年间(263—268),普罗提诺就实现了四次。这就解释了为什么在谈到普罗提诺时,波斐利使用了副词 *pollakis*(时常)。

(二)合一是灵魂上升至本原的目标

关于这种"神秘经验",大多数信息来自论文38(《九章集》VI.7:《论理念的多样性如何形成,兼论至善》)的最后一部分(第31—42节),尤其是34—36节。在这些章节中有一种叙述与论证的奇特混合,论证在思辨一方,而叙述则在经验一方;然而,"我"只在论文6(《九章集》IV.8)1.1-11中的一段叙述中出现了一次。此外,普罗提诺从《斐德罗》与《会饮》中借鉴了一些术语和特定的理论,但他在一个完全原创性的形而上学系统中阐释它们。

如前文所说,在普罗提诺看来,灵魂是从一个原因(即理智)流溢而来的本体/本原(*hupostasis*),理智依赖太一,太一等同于至善（the Good）和至美（the Beautiful）。在这些层面之间，有一个双重的运动。首先，有一个流溢（proodos）运动，在这个运动中，高级本原的力量丰盈，从而朝着低级本原溢出；而低级本原则进行一种转向（epistrophê）运动，以转向高级本原并沉思它，从而将自己确立为本原。普罗提诺从理论的角度对神圣的整体灵魂（hê holê psukhê）与个别灵魂进行了区分，前者始终保持在理智世界，而后者则与某个身体相连。所有其他的灵魂，包括世界灵魂与人类的灵魂，都与这个整体灵魂相连，而这个灵魂是且依然是独一无二的。所有这些灵魂都统一在一起，构成一个单一的灵魂，之后它们像光线一样，未经分割却可以四处投射到大地之上。世界灵魂（hê psukhê tou pantos）和其他个体灵魂生产并管理身体。

虽然一度下降，但人类灵魂仍然凭借理智（nous）扎根在理智世界之中。在《九章集》中，普罗提诺仅三次提到这个理论，①

---

① 论文 6（《九章集》IV.8）8.1-4：“如果有人敢更清楚地表达自己与其他人不同的观点：即便是我们的灵魂，也没有完全地下降，有某些东西始终留在理智世界。”论文 22（《九章集》VI.4）14.17-22：“但我们是谁？我们是与之靠近并在时间中生成的东西吗？——不，在这生成过程之前，我们就已经在那了，我们曾是不同的人，我们中甚至有一些是神、纯粹的灵魂，以及与整个实在相结合的理智；我们是理智事物的一部分，没有被划出去，没有被分割，而是属于整体；即便是现在，我们也没有被分割。”论文 27（《九章集》IV.3）12.1-5：“但是人的灵魂看见它们的影像，就像在狄奥尼索斯的镜子中一样，从上界一跃而下，但即便是这些灵魂，也仍没有与其本原和理智分割。它们并不是和理智一同来到下界，而是先于理智下到地上，但它们的头都牢牢地待在天上。”

但它是解释灵魂朝向本原上升的一个重要元素。每个灵魂都通过自身最高的部分与理智保持联系，也由此与理智世界相联结。它不断思考理智，也被理智所思考。灵魂能够通过它的推理部分（*dianoia*）意识到理智的在场，但仅仅是偶尔如此。不过，既然人类灵魂同理智保持联系，那么它就始终有上升回到理智的可能性。无需恩典、圣餐、仪式，连祈祷都是多余的，我们接下来还会看到，这也不需要彻底避世。践行德性，尤其是沉思德性，就会使灵魂同理智融合。这是根本性的一步，因为灵魂与太一的合一只能通过理智作为中介，而灵魂此前与理智同一。由于理智之中有灵魂永远的港湾，这使得灵魂能利用理智为了与太一合一而进行转向太一的运动，从而依靠自身的力量朝着理智上升。与之相反，扬布里柯与后来的柏拉图主义者则认为，灵魂完全同身体合一。这是亚里士多德主义的立场，它还隐含了另一个立场：灵魂的得救必然是从别的地方来的，尤其是从神而来的，正如扬布里柯在《论秘仪》（*De mysteriis*，II.11，pp. 96.13-97.4）中解释的那样。

（三）灵魂通过践行德性为合一做准备

尽管灵魂与本原的合一罕见而偶然，但我们必须为之做好准备，而准备工作就是接受特定的生活方式，不断探索至善。

对至善的知识（gnôsis）或接触（epaphê）是最伟大的事情，柏拉图说它是"最伟大的学习",① 所谓"学习"，并不是指对它的观看本身，而是说对它的预先学习。通过比较、否定、认识从它之中而来的事物，以及逐级上升的特定方法,② 我们就可以学到关于它的东西；但通过净化、德性、装饰，通过在理智世界赚得立足之地、让自己在那里牢牢扎根、尽情享用它的内容，我们踏上走向它的大路。无论是谁，只要成为他自己和其他一切的沉思者，并成为沉思的对象，那么，既然成了存在、理智和"完全的生命体"，他就不再从外部观看它了，当他变成这样就十分接近了，至善就在其仰首的上方，已然在其近旁，照耀着整个理智世界。（论文38［《九章集》VI.7］36.3-15）

个体灵魂通过践行"四主德"——节制、勇敢、智慧、正义——而实现朝向理智的再次上升，这些德性可以在不同的层面上得到践行。③

首先必须践行公民德性（aretai politikai），这些德性是为了

---

① 《理想国》VI.505a2。
② 《会饮》211c3。
③ 关于德性等级学说更详细的讨论，参见本书第五章。

让群体之中的成员可以共同生活而不互相伤害。

接下来是净化德性（aretai kathartikai），这些德性的目的是将自己从下界的事物中抽离，摒弃通过身体所做的行动，拒绝身体的激情。这就是为什么说它们是"净化"。

再往下是沉思德性（aretai theôrêtikai），它们是那些已经过上沉思生活，其灵魂已经沉思理智世界之人的德性。前两种德性都是某种努力或过程，而沉思德性是在静止中实现的，因为这是灵魂用不动的理智状态行动。用《理想国》VI.505a2的说法来说，在这个层面上，我们必须将至善当作"最高的学习对象"（megiston mathêma）。由于这种学习不能是直接的学习，因此包含着类比，以建立至善与其产物之间的关系；它包含着否定，即表明至善不是什么；它包含着一种间接的知识，这种知识以善的流溢物作为中介；根据《会饮》211c3中的说法，它还包含着一种"阶梯式的上升"。从这个节点开始，灵魂成为理智，并践行范式德性。

最后就是范式德性（aretai paradeigmatikai），即与灵魂相分离的理智自身的德性。

（四）灵魂同理智合一

如果将人定义为灵魂与身体的暂时结合，那么经由范式德性，我们就达到了一个属神而不再属人的层面。这些德性为人类灵魂同理智合一开辟了道路，灵魂重新加入自己留在更高层级的那个部分之中。在这个层面上，灵魂不再是一个精灵，受推理性思考（*dianoia*）的支配，与身体结合在一起；它成了神，一个等同于普遍理智的理智。这就是为什么，埃及祭司说普罗提诺的精灵几乎是一个神。通过与理智合一，灵魂认识自身，即把自身认识为理智，就像柏拉图在《阿尔西比亚德》中所说的。

> 灵魂甚至倾向于轻视理知（intelligence），而在其他时候灵魂都欢迎它，这是因为理知是一种运动，而灵魂不想要运动。它说它所看见的那个［即神］也不运动；当这个灵魂成为它所沉思的理智时，也可以说，当这个灵魂变成理智时，它就来到"理智之地"；① 当灵魂来到其中，并在里面运动时，灵魂拥有了理智事物并思考它们；但当它看见神，就立即放下所有的事情。（论文 38［VI.7］35.1-6）

这个初始的层级可以被视作灵魂合一经验的第一阶段，唯有在这个阶段灵魂还有所作用，在第二阶段就完全依赖理智了。② 意识仍停留在与身体相连的灵魂的层面，而理智的纯粹运动遮蔽了意

---

① 《理想国》卷六 508c1，卷七 517b5。
② L'union de l'âme avec l'intellect divin dans l'expérience mystique plotinienne," in *Proclus et son influence*. Actes du colloque de Neuchâtel［juin 1985］, eds. G. Boss & G. Seel, Paris: éd. du Cerf, 1988.

识。通过认识到自身即是理智，灵魂在理智之中失去自己。①

（五）理智回归本原并与之合一

理智不仅拥有思考自身的力量，还能够通过爱的激情，将自己传送到产生它的本原那里。这就是爱欲（Eros），它的目标是至善和至美，它包含着《会饮》中所说的迷醉，也包含着《斐德罗》中所说的迷狂。

> 那么，理智拥有一种思考的力量，通过这种力量它观看自身之中的事物；理智还拥有一种直接意识与接受的力量，通过这种力量它凝视超越它的事物，之前它只是借由这些看见，然后它借由"看见"得到了理智，并与之合一。第一种是理智在清醒中的沉思，第二种则是爱欲（erôn）中的理智，此时它"醉于琼浆"神志不清；随后，它坠入爱河，为其所充盈而成为幸福的（haplôtheis eis eupatheian）；对它而言，像这样沉醉比体面的清醒更好。（论文38 [VI.7] 35.19-27）

在这段话中，我们可以辨认出对《会饮》中爱若斯（Eros）诞生

---

① Pierre Hadot, "Les niveaux de conscience dans les états mystiques selon Plotin," *Journal de psychologie normale et pathologique* Vol.77(1980), pp. 243-266.

神话的暗示，普罗提诺以寓言的视角阐释了这个神话，在论文50（III.5）《论爱欲》中尤其明显。在这里，爱若斯被视作一种混合的存在，在阿弗洛狄忒（Aphrodite）生日的那一天，在宙斯的花园里，"醉于琼浆"的丰足之神珀若斯（Poros）与贫乏之神佩尼娅（Penia）相结合，爱若斯由此产生。珀若斯就是理智，他为理智实在所充盈（参见《克拉底鲁》中克洛诺斯 [Kronos] 的词源）；而佩尼娅则代表质料中的缺乏。一方面，爱若斯和他的父亲（理智）一样，为理智实在所充盈；另一方面，他又与母亲相似，只是一个感受到缺乏的理智，这种缺乏就在于他不是将要与之合一的太一。此外，我们还应该注意，在《斐德罗》中启发了哲学家的爱欲之迷狂，正是来自爱若斯与阿弗洛狄忒。

（六）灵魂回归暂时寓居的身体

然而，至少出于两个原因，灵魂必须回到下界。一方面，就像先前说的，在人的一生中，与本原合一是罕见而不同寻常的事件。另一方面，灵魂在这个世界与身体相结合，它不能主动摆脱这个身体，因为自杀是受到谴责的（论文16 [I.9]：《论理性的自杀》）。因此，回归到身体中就是必要的。

> 我时常从身体中醒来，并从其他所有事情中走出来，走进我自己之中；我曾目睹过一种绝妙的、伟大的美，并坚信我

首先属于那个更好的部分；我实现了最好的生活，变得与神同一；带着确定，我来到那至高无上的实现之中，我把自己置身高于其他一切的理智领域。接着，在神圣者之中停留之后，我从理智下降到推理的理性（*logismon*），我困惑自己是怎么下来的，我的灵魂又是怎么进入身体的，尤其是因为我的灵魂已经通过其自身而彰显自身的存在，即便在身体中也是如此。（论文 6 ［IV.8］1.1-11）

在这段叙述中使用"我"非常特殊，带有重要的情感调性。①

三、这种合一可以被界定为"神秘的"吗？

上一部分描述的那种经验能被界定为"神秘的"吗？我们所采取的视角决定了对这个问题的回答。前面提到，"神秘的"来源于一个希腊语词汇，后来被基督教利用，虽然语境发生了变化，但是它依然保持着希腊词源中的含义。因此，我们必须非常谨慎，不要直接套用基督教的阐释。在这一点上，我认为必须对这种经验的两个方面做出区分：一个是现象层面的，仅描述经验过程而不考虑其指涉；另一个则是超越的，关注这种经验所朝向的

---

① 这是普罗提诺的叙述与基督教叙述的主要区别，后者经常使用"我"。

对象及其语境，不管是宗教的、哲学的，或者其他语境。我从超越的面向说起。

（一）基督教神秘主义

皮埃尔·阿多（Pierre Hadot）在翻译论文38时，以米兰主教安布罗斯（Ambrose，340—397）为范例，后者曾将塔尔苏斯的保罗（Paul of Tarsus）所经历的狂喜与普罗提诺相比较，由此在普罗提诺与基督教的"神秘主义者"之间建立了平行关系。克莱沃的伯纳德（Bernard of Clairvaux，1090/1—1153），一位西多会修士（Cistercian），曾清晰地表明，神秘体验具有罕见和超凡的特点。约翰尼斯·陶乐（Johannes Tauler，1300—1361），埃克哈特大师（Meister Eckhardt, 1260—1368）的多明我会弟子，则强调在这种体验中灵魂彻底失去个体性。通过爱与上帝合一，引发了一种狂喜的迷醉，十字架的约翰（John of the Cross，1542—1591）颂扬了这种迷醉的感受，他是一名卡尔特会修士（Carthusian），认识特蕾莎（Teresa of Avila，1515—1582），后者是加尔默罗修会（Carmelite）的改革者，和十字架的约翰一样，特蕾莎也声称在神秘合一的过程中，要脱去灵魂的外衣。

这些以及其他的比较都有相关性，但是它们有将基督教体验直接套用在普罗提诺身上的危险，从而会剥夺后者的原创性。让我们仔细考虑一下它们之间的差异,根本差别在于这种体验发生在宗教的还是形而上学的语境之中。

第一,从机构的视角看,刚刚提到的所有基督徒都从属于同一个宗教团体,在那一时期,这个团体对其成员施加了很强的社会和政治约束。而普罗提诺并不是一个有宗教信仰的人,下面这段由波斐利讲述的轶事表明了这一点:

> 阿美琉斯(Amelius)喜欢参加祭祀,他常在朔月以及宗教庆典上向诸神致敬。有一天,他想让普罗提诺和他一起去,但是普罗提诺却说:"他们应该到我这里来,而不是我去他们那里。"他这高深的话语究竟是什么意思,我们不能理解,也不敢去问。(《普罗提诺传》10.33-38)

有人试图将这段见闻与《普罗提诺传》中的另一段(10.15-33)相对立:一位埃及祭司在罗马的伊西斯(Isis)神庙中召唤普罗提诺的精灵,结果现身的不是精灵,而是一位神。对这个故事稍作分析,就能非常清楚地看到,波斐利讲述这则轶事并不是为了说明普罗提诺对伊西斯的敬拜,而是为了表现普罗提诺的灵魂与理智超凡的相同性,正是这种神性让他数次与本原合一。实际上,对普罗提诺而言,在落入身体时,并非所有的灵魂都具有相同的性质,这就是为什么所有的灵魂不能以相同的速度和频率上升回到本原。这种源初的价值代替了基督教的恩典。对基督教徒而言，不管是严格意义上的基督教徒还是诺斯替教徒，神秘的结合归根结底是由上帝决定的。在普罗提诺那里，灵魂自己就具有与理智合一的手段，而理智则能够与太一合一。我们很快会看到为什么是这样。

第二，这些基督教徒绝大多数都不是平信徒，而是生活在修道院之中、离开公民社会的虔诚信徒。普罗提诺并不是这样，尽管他居住在一位富有的寡妇的宅邸中，从而既没有经济上的担忧，也没有什么政治活动，但普罗提诺仍然同皇帝、元老、社会人士，甚至一些来听课的基督教徒，保持着联系。在这一点上，波斐利所举的普罗提诺践行公民德性的例子十分重要。这些宗教人士中，很多人过着苦修的生活。他们对自己的身体施加痛苦，或是断食，或是伤害自己（譬如穿刚毛衬衣），目的是让这个对灵魂构成阻碍的身体"死去"。普罗提诺也不看重身体，但他接受灵魂寓居其中。节俭而规律的生活使得他能够将灵魂从身体之中抽离出来，并且和所有与身体相关的情感保持疏离，无论是快乐还是痛苦。波斐利阐述净化德性的例子说明了这一点，净化德性的全部目的就是让灵魂从身体的情感中抽离出去。因此，普罗提诺的生活方式和那些基督教神秘主义者十分不同，他的合一经验也是如此，尽管乍看起来差别不大。这些信徒阅读《旧约》与《新约》，而普罗提诺则援引柏拉图，尤其是《会饮》与《斐德罗》。

第三，对基督教徒而言，神秘主义与神学有所不同，它让人不通过思辨，而是通过经验知晓上帝。这就解释了为什么很多神秘主义者对等级制度心怀不满，无论是对告解神父还是对其他神职人员，以及为什么很多神秘主义者都是女性，与神学家的男性世界对立。然而，对普罗提诺而言，思辨和经验之间并不存在对立，因为灵魂先与理智合一，然后才与太一合一。此外，我们注意到，普罗提诺在风格上有一个重要特点：在描述灵魂与理智、太一的合一时，他将叙述与论证结合起来。第一人称的叙述是神秘主义者的一个典型特征，而在普罗提诺那里，第一人称叙述虽然不是绝无仅有，但却十分罕见。此外，灵魂最初合一的对象是理智，这位"神"是普遍的，取消了一切个体性。之后理智与太一合一，而太一甚至超越存在，也超越了神。这就是为什么太一很少被说成是神。①

第四，对基督教徒而言，在神秘的合一之中，爱扮演着举足轻重的角色。这是一种在上帝与信徒之间个人化的关系，这种关系在更高的层面上再现了人与人之间的爱；人必须爱同伴和上帝，他们也将回之以爱。普罗提诺是柏拉图主义者，他所说的爱若斯是柏拉图的那个多样化的爱若斯。论文38明确提到了这种人

---

① 参见 George Leroux, trans., *Plotin, Traité sur la liberté et la volonté de l'Un* [*Ennéade VI 8 (39)*], Paris: Vrin. 1990, p. 229 注释。

类之爱。灵魂为了与美，以及超越于美的太一合一，必须保证自身也是美的，它模仿下界相爱的人们，苏格拉底打算应阿伽通之邀前往庆祝就表现了这一点（《会饮》210e4）。

> 正如在下界，那些陷入爱中的人将自己塑造得与被爱者相似，他们让自己的身体更加英俊，也让他们的灵魂变得相似，因为只要有可能，他们就不愿在正直和其他所有被爱者的卓越上落于人后，否则他们就会被这样的被爱者拒绝，只有那样的爱者才能够与之交往；① 灵魂也以这种方式爱着至善，从一开始就受其推动去爱。（论文 38［VI.7］31.15-18）

灵魂一旦实现了合一，就会经历一种不同于肉体快乐的幸福感。相比之下，肉体的快乐就像挠痒痒一样。② 最重要的是，灵魂渴望与他（即太一）保持合一，这种渴望，也就是阿里斯托芬（Aristophanes）在《会饮》（189d-193e）的神话中说的人类找寻自己遗失的另一半的渴望。有趣的是，普罗提诺（论文 38［VI.7］35.19-27）引用了《会饮》中爱若斯诞生的神话，并从一个寓意的视角进行阐释，在论文 50（III.5）《论爱欲》中尤其如此。这种

---

① 柏拉图：《会饮》212a2。
② 《斐德罗》251c5；参见论文 38（VI.7）34.30-31。

爱不存在任何相互性，而仅仅是较低的一方朝向较高的。正如我们在柏拉图的《会饮》中看到的，爱若斯释放激情，源头就在于美的吸引，然而对普罗提诺而言，达到美本身还不够，我们必须超越美。爱若斯以一种极其卓越的方式，介入到与太一合一的理智的层面上。苏格拉底在反驳阿伽通时解释说，爱总是"对……的爱"，对一个人的爱，或对一个东西的爱。但是人并不拥有他所渴望的、爱的东西。因此，爱与欲求就代表一种缺乏。在爱的例子中，被追求的人或物都具有一个显著特征，也就是美（《会饮》200a-d）。这就是为什么，这场探询要通过美的肉体达到美的灵魂，最后再达到美本身（《会饮》210a-d）。

事实上，爱若斯被界定为一种强烈的、填满缺乏的需求。对灵魂而言，这种缺乏在于它身为灵魂，而非理智；对理智而言，这种缺乏在于它不是太一。在柏拉图的语境中，爱欲的问题在阿里斯托芬神话的框架中被提出，解释了在何种意义上，爱欲的激情是对自己缺失部分的追寻。而在这个语境中，这种感受处于文学表达而非实在的层面上，因为灵魂（唯有灵魂能够拥有感受）迷失在理智之中，那里是感觉的禁地。灵魂与向它显现的本原相遇，并与太一合为一体，就好像渴望融合为一体的爱人们一样（这个意象可能在暗示爱人们的结合，他们希望再次合二为一，就像柏拉图在《会饮》192e 借阿里斯托芬之口所说的那样；34.13-16）。不过和通常一样，普罗提诺对这个意象进行了修正：

因为灵魂不再意识到自己处于身体之中，所以这种结合只能是比喻意义上的（34.16-19）。这个说法非常有趣，因为它点明了，这种与太一的合一，是对处于身体之中的灵魂而言的，也就是对活着的人的灵魂而言的。这个时候，再也没有什么可以阻碍它与至善合一（34.19-25）。它认识到，它终于找到了自己欲求的对象，它能说的只有："那正是他"，它无言地诉说着这句话，因为它已经超越了言辞（34.25-30）。

第五，对基督教徒而言，举办圣礼和遵循教条都具有举足轻重的地位。而在普罗提诺那里，由于人类灵魂与理智及理智世界保持着联系，因此它无需任何中介，就可以上升回到其源头——理智。学习，在课堂上或在写作中温故而知新，就足够了。身体上的训练（比如瑜伽），或者观看的训练（比如注视蜡烛）、祷告、礼拜、圣礼（尤指圣餐）、魔法，都毫无必要。① 普罗提诺还批评了诺斯替教徒的这些做法：

然而，他们自己就首当其冲，玷污了高级力量不可亵渎的纯粹性。当他们写下魔法的圣歌，意图将它们呈送给那些力量

---

① 在这一点上，我反对 Z. Mazur, "*Unio magica*, Part I: On the Magical Origins of Plotinus' Mysticism," *Dionysius*, vol. 21 (2003), pp. 23-52; "*Unio magica*, Part II: Plotinus, Theurgy, and the Question of Ritual," *Dionysus*, vol. 22 (2004), pp. 29-56。我的两个主要反驳是，第一，没有证据表明在普罗提诺那里有这类仪式；第二，既然灵魂通过最高的部分与理智保持着联系，它朝向理智的上升就没有必要借助宗教仪式或者恩典。

时——不仅是给那些灵魂,而且也要给那在上者,他们所期盼的,实际上是让那些力量服从于字句,听从那些吟唱咒语、魔法和巫术的人的指挥,我们中的任何一个人,只要擅长用正确的方式说出正确的话、歌唱、叫喊、送气音、低音,以及其他所有他们写下的声音,就能够在那个更高的世界拥有魔法的力量吗?即便他们想说的不是这个,无形的存在又如何被声音所影响呢?通过这种说法,他们给予他们自己的字句以威严的表象,但是却未曾意识到,他们剥夺了那些更高力量的威严。(论文33〔II.9〕14.1-10)

经由理智的中介而与太一合一,遵循柏拉图的准则足矣:通过沉思理智事物变得与神相似。

第六,基督教的神秘主义者以上帝之子耶稣为中介与上帝合一;而在普罗提诺那里,灵魂是以理智为中介与太一合一。阿多讲得非常清楚:

> 在基督教神秘主义中,灵魂通过道成肉身的中介与上帝合一,就像吉尔松评论克莱沃的伯纳德时所说的,道成肉身是"具体的狂喜",是人与上帝之间活的合一。[①] 通过一种不

---

① Étienne Gilson, *The Mystical Theology of Saint Bernard*, Cistercian Publications, 1990, p. 134.

同的、但仍然具有一些类比意味的方式，爱的圣灵也是永恒的"真正的狂喜"，人通过自己的灵与圣灵同一；在这种狂喜中，相对者从绝对者中生成出来，流溢的无限从超越的无限中流溢出来，经验到与绝对者的不可言喻的接触，普罗提诺称之为"爱之迷醉"的方式。①

阿多所构建的平行关系很有洞察力，但我们会发现，从具体的视角出发，它很难成立。基督是一个人，兼具人性与神性，他是上帝之子，具有神与人之间中介的作用，他通过自己的受难确保了人类的救赎。同时，基督又是一个在其肉身之中展现上帝的人，这就是为什么很多基督教神秘主义者见到了基督流血的身体。但是在普罗提诺那里，灵魂首先与理智合一，而理智是无形体和普遍的。此后，灵魂失去其个体性，因为它发现自己是普遍的实在，是一切事物。换言之，灵魂从个别的实在变成了一切事物，它上升并超越了存在。从一神教的视角看来，这与"造物神"是无法兼容的。如果我们仍然在普罗提诺和波斐利的意义上理解形容词 mustikos 与副词 mustikôs，那么灵魂与太一的合一就不能被称为"神秘主义"，因为太一超越了存在，超越了那些与理智不可分割的理智之物（理念）。理智以一种近乎自动的方式，从太

---

① Plotin, *Traité 38*, trans., Pierre Hadot, Paris: Cerf, 1999, p. 67.

一流溢而出，它生产出灵魂，而质料源自于灵魂，质料和理性原理（logoi）一起产生可感世界。理智以一种独特的方式是普遍的。灵魂与理智合一，彻底失去自己的个体性，成为一切事物。理智受到爱若斯的驱使回归太一，从而填补它相较于太一的缺乏。波斐利用 henôsis 来指称这种合一。但是这个词不仅意味着"合一"，还有"统一"的意思，它在新柏拉图主义中具有格外特殊的含义，因为灵魂不同于理智，灵魂是多。通过先后与理智、太一的合一，灵魂得以恢复自己所缺失的统一性。如果一定要比较基督教的神学视角与普罗提诺的哲学视角，那么我们就只能陷入非常专门的思辨中。

第七，在十字架的约翰、弗朗西斯·德·塞尔斯（Francis de Sales）与克莱沃的伯纳德那里，神秘体验会产生一种愉悦，尽管难以言喻，但它仍是某种情感，我们由此来到了斐奇诺（Marsilio Ficino）所主张的那种神秘的快乐主义（mystical hedonism），他试图借此调和伊壁鸠鲁与普罗提诺。然而，在柏拉图那里，不仅是灵魂，就连理智也在与太一合一的过程体验到一种幸福（eupatheia），这种幸福的体验与这个世界上的任何快乐都毫无关系。普罗提诺又一次修正了柏拉图的意象，因为这段文本包含了一种对可感快乐的贬低，他借用了《斐德罗》251c5 中的表达，将其比作"身体挠痒痒"（gargalizomenou tou sômatos）（34.30-38）。我们应该注意，在普罗提诺所有的作品中，只在这一个地

方用到了 *eupatheia*，而且用法很古怪：灵魂不能感受到任何情感（*pathos*），因为它是完全的实现（*energeia*），这保证了它的不朽。

（二）野性神秘主义[1]

毋庸置疑，在超越的维度上，普罗提诺的经验与基督教神秘主义者的体验相去甚远，这也适用于其他宗教中被界定为"神秘"的体验。

与之相反，与这些经验相关的现象学过程却非常相似，这种体验也广泛存在于其他与艺术、冥想自然有关联的体验以及极限体验中（比如对切近危险的恐惧，濒临真实或假定的死亡等）。在这些情形中，我们将其称作"野性神秘主义"（wild mysticism），这是米切尔·于林[2]发明的概念，用来指许多亲历者的体验，后来被威廉·詹姆士[3]等人理论化。现在它被称作"超常规意识状态"（Altered State of Consciousness），已有大量关于这个话题的著作和论文。

---

[1] 雅典学派的新柏拉图主义者们就是这派，他们追随扬布里柯，拒绝承认灵魂的一部分保持在理智中。

[2] Michel Hulin, *La mystique sauvage*, Paris: Puf, 1993. 我要感谢查斯，他是一位印度哲学专家，我学习梵语时与他相熟，他鼓励我讨论于林的这个主题。遗憾的是，于林的书没有被翻译成英语，其丰富渊博远不止于我在这里讨论的内容。

[3] 参见 William James, *The Varieties of Religious Experience*, New York: Mentor Books, 1958。

第七章　我们可以讨论普罗提诺的神秘主义吗？　193

这些体验似乎都经历了同一个流程。首先是生活与思考的正常过程突然中断，亲历者与周遭环境失去连接（论文 38［VI.7］35.11-20），并进入一个完全不同的时间或空间中（论文 38.35.1-6）；然后所有个体身份都被抛弃；最后又突然回到惯常的现实中（论文 6［IV.8］1.1-11）。

这些体验都围绕着三个主题。首先是某种非常真切的在场感，主体油然而生一种无法动摇的确定性，消解了他周围其他的一切。事实上，这种在场感传递出一种必然性、秩序、完美，让其他所有事情都显得多余。而这种必然性、秩序和完美看起来是永恒的（论文 38.34.26-30）。

这些体验的结果是一种充实和幸福的状态（论文 38.34.31-39），超越了所有事情，尤其超越了好与坏、乐与苦。

虽然很多人都熟悉这种体验，但还是很难给出严格的论述：问问周围的人意识到它就足够了。如果想要理解它，我们归根结底只能想象，或许为了保证整个族群的存活，在数百万年中我们的大脑被格式化了，而实际上它拥有着无限大的可能性；在宗教、哲学、艺术甚至药物的作用下，一部分可能性经由这类体验被揭示出来。这种体验有时候出现在精神病人身上，不过它甚至比一般认为的更频繁地出现在那些遇到不寻常情况的正常人身上。

有人可能因此会说，从超越的视角出发，就其哲学体系的功能而言，将普罗提诺同基督教神秘主义比较毫无益处。不过，如果站在更为普遍的层面，又有人会说，从现象学的角度出发，普罗提诺所描述的体验，与一种其实相当常见的体验非常相似，这种体验使人类可以超越演化施加在其大脑中的常规行为。这实际上也就是柏拉图与普罗提诺这样的哲学家的伟大之处，他们成功地提出了一套哲学理论，使得人类可以通过这种理智活动，超越其寻常的生活环境。换言之，我更倾向于将普罗提诺的体验称为"合一体验"（沿用波斐利的 *henôsis* 一词），而非神秘体验。事实上，将基督教语境强行加诸普罗提诺或其他作者，注定一无所获，尽管基督教的语境本身是非凡的，但是当人们试图将它用作他途时，只会造成误解。

结　语

按照一神教（尤其是基督教）对"神秘主义"的典型理解方式，普罗提诺并不是一个"神秘主义者"。

他是一个经验到"超常规意识状态"的柏拉图主义者，但这种状态并非由于恐惧而触发，也不是通过对某种摄人心魄的胜景的沉思，或者出于将自己与一位受难之神同化的意志，而是来自一种超凡的理智专注的强度。

普罗提诺以一种极富原创性的方式重新解读了柏拉图的思想，他将"至善的太一"置于超越存在的地位，主张理智与理智事物密不可分，灵魂产生并照管我们的世界。这样他就为柏拉图那里棘手的"分有问题"提供了一种解决办法：灵魂生产质料，并且为了塑造身体引入了"理性原理"（*logoi*），即处在分散状态的理智形式。

因此，这个在其教学与写作中构建起来的形而上学上层建筑，不应该被阐释为企图逃离这个只能极其偶尔和短暂逃离的世界的绝望尝试。相反，和柏拉图一样，它尝试去理解我们周遭的世界是如何被理智事物充分渗透，从而让我们能够思考它和作用于它。

其结果,与诺斯替主义者的主张相反,我们这个可感世界是一切可能世界中最好的和最美的。

参考文献

《九章集》希腊语文本

Plotini, *Opera*, eds. Paul Henry and Hans-Rudolf Schwyzer, 3 vols., Oxford: Oxford University Press, 1964-1982.

《九章集》英译本

Plotinus, *Enneads*, trans. A. H. Armstrong, 7 vols., Cambridge: Harvard University Press, 1966-1988.

Plotinus, *The Enneads*, ed., Lloyd P. Gerson, Cambridge: Cambridge University Press, 2018.

整体性导论

John M. Rist, *Plotinus: The Road to Reality*, Cambridge: Cambridge University Press. 1967.

E. K. Emilsson, *Plotinus*, London: Routledge, 2017.

各章主要参考文献

第一章　普罗提诺的生平、著作与学说
　　原始文献
　　　　波斐利:《普罗提诺传》

研究文献

Porphyre, *La Vie de Plotin* I-II, eds., Luc Brisson et. al., Paris: Vrin, 1982, 1992.

第二章　普罗提诺论自然

原始文献

　　论文 12（II.4）《论质料》

　　论文 27-28（IV.3-4）《论关于灵魂的难题》

　　论文 30（III.8）《论自然与沉思》

　　论文 47-48（III.2, 4）《论神意》

研究文献

Luc Brisson, "*Logos* et *logoi* chez Plotin. Leur nature et leur rôle," *Les Cahiers Philosophiques de Strasbourg*, vol. 8 (1999), pp. 87-108

Jonathan Scott Lee, "The Practice of Plotinian Physics," in *Neoplatonism and Nature: Studies in Plotinus' Enneads,* ed., Michael F. Wagner, Albany: State University of New York Press, 2002, pp. 23-42.

Pierre-Marie Morel, "Comment parler de la nature? Sur le traité 30 de Plotin," *Les études philosophiques*, vol. 90 (2009), pp. 387-406.

Denis O'Brien, "Plotinus on the Making of Matter Part I: The Identity of Darkness," *International Journal of the Platonic Tradition*, vol. 5 (2011), pp. 6-57; "Plotinus on the Making of Matter Part II:'A Corpse Adorned' (*Enn.* II 4[12] 5.18)," *International Journal of the Platonic Tradition* vol. 5 (2011), pp. 209-261; "Plotinus on the Making of Matter Part III: The Essential Background," *International Journal of the Platonic Tradition*, vol. 6 (2012), pp. 27-80.

第三章　普罗提诺论灵魂

原始文献

　　论文 2（IV.1）《论灵魂的本质》

　　论文 27-28（IV.3-4）《论关于灵魂的难题》

研究文献

H. J. Blumenthal, *Plotinus' Psychology: His Doctrines of the Embodied Soul*, Hague: Nijhoff, 1971.

E. K. Emilsson, *Plotinus on Sense-perception: A Philosophical Study*, Cambridge: Cambridge University Press 1988.

E. K. Emilsson, *Plotinus on Intellect*, Oxford: Oxford University Press, 2007.

第四章　普罗提诺论身体中的灵魂

原始文献

论文 6（IV.8.）《论灵魂下降到身体之中》

论文 53（I.1.）《什么是活物》

波斐利：《致高鲁斯，论胚胎如何被赋予灵魂》(*To Gaurus on How Embryos are Ensouled*)

研究文献

Luc Brisson, "Plotinus, and the Tripartition of the Soul in Plato: Anger as an Example," *Platonic Inquiries*, eds., Claudia d'Amico, John F. Finamore, and Natalia Stroke, The Prometheus Trust, 2017, pp. 33-39.

John Finamore, "The Platonic Tripartite Soul and the Platonism of Galens' *On the Doctrines of Hippocrates and Plato*," in *Metaphysical Patterns in Platonism: Ancient, Medieval, Renaissance, and Modern*, eds. J. Finamore and R. Berchman, New Orleans: University Press of the South, 2007, pp. 1-16.

Denis O'Brien, "Le volontaire et la nécessité, Réflexions sur la descente de l'âme dans la philosophie de Plotin," *Revue Philosophique de la France et de l'étranger*, vol. 167 (1977), pp. 401-422.

Svetla Slaveva-Griffin, "Medicine in the Life and Works of Plotinus," in *Health and Sickness in Ancient Rome*, eds., Francis Cairns and Miriam Griffin, Cambridge: Francis Cairns Publications, 2010, pp. 93-117.

第五章　普罗提诺的德性等级学说

原始文献

论文 19（I.2）《论德性》

波斐利：《章句》32

研究文献

Dirk C. Baltzly, "The Virtues and 'Becoming Like God': Alcinous to Proclus," *Oxford Studies in Ancient Philosophy*, vol. 26 (2004), pp. 297-321.

Dirk C. Baltzly, "The Doctrine of the Degrees of Virtues in the Neoplatonists: An Analysis of Porphyry's *Sentence* 32, its Antecedents, and its Heritage," in *Reading Plato in Antiquity*, eds., Harold Tarrant and Dirk Baltzly, London: Duckworth, 2006, pp. 89-106.

第六章　普罗提诺论"恶"的问题

原始文献

论文 47-48（III.2-3）《论神意》

论文 51（I.8）《论恶的来源》

论文 53（I.1）《什么是活物》

研究文献

Luc Brisson, "The Question of Evil in the World in Plotinus," in *Fate, Providence and Moral Responsability in Ancient, Medieval and Early Modern Thought: Studies in Honor of Carlos Steel*, eds., Pieter d'Hoine and Gerd van Riel, Leuven: Leuven University Press, 2014, pp. 171-186.

Denis O'Brien, "Plotinus on Evil," in *Le Néoplatonisme*, Paris: éd. du CNRS, 1971, pp. 113-146.（本文的中文版参见丹尼斯·奥布莱恩：《普罗提诺论恶——对普罗提诺关于人类恶观念中质料与灵魂的研究》，刘玮译，《清华西方哲学研究》，第二卷第二期（2016），第 237—276 页）

John F. Phillips, "Platonists on the Origin of Evil," in *Reading Plato in Antiquity*, eds., Harold Tarrant and Dirk Baltzly, London: Duckworth, 2006, pp. 61-72.

第七章　我们可以讨论普罗提诺的神秘主义吗？

原始文献

论文 6（IV.8）《论灵魂下降到身体之中》

论文 38（VI.7）《理念与至善》

研究文献

Robert Arp, "Plotinus, Mysticism, and Mediation," *Religious Studies*, vol. 40 (2004), pp. 145-163.

David J. Yount, *Plotinus the Platonist: A Comparative Account of Plato and Plotinus' Metaphysics*, London: Bloomsbury Academic, 2014.

David J. Yount, "Can One Speak of Mysticism in Plotinus?" in *Defining Platonism: Essays in Honor of the 75th Birthday of John M. Dillon*, eds., John F. Finamore and Sarah Klitenic Wear, Steubenvill: Franciscan University Press, 2017, pp. 96-116.

附录　柏拉图论嫉羡

"嫉妒"（jealousy）通常被用来翻译古希腊语里的 *phthonos*。①但 *phthonos* 的词源并不能帮助我们理解这个词在英语或法语中的意思。jealousy 或 jalousie 都来自拉丁俗语（vulgar Latin）中的 *zelosus*，而 *zelosus* 源自晚期拉丁语（late Latin）的 *zelus*，而 *zelus* 又源自古希腊语的 *zêlos*。*zêlos* 及其衍生词与复合词可以表达"羡慕"（envy）的意思，在古希腊语中，它们通常都不是贬义词，表达诸如竞争、对抗、抱负、热烈、热情之类的价值。而就其现代含义而言，至少在一定的意义上，"羡慕"也可以理解为"渴望享受同他人一样的优势或快乐"。从这个角度看，"羡慕"正是那种挑起怨恨的渴望，它可以转变为忧虑，甚至转变为一种或多或少有侵略性的敌意。这样我们就可以理解，为什么对 *phthonos* 的翻译总是在"嫉妒"（jealousy）与"羡慕"（envy）之间摇摆不定。而"嫉羡"（envious jealousy）的语义学范围要大得多，我因此会

---

① 这种译法会让人觉得，*phthonos* 专属于恋爱关系的语境，两个人彼此竞争，或者与第三个人相冲突，就像莎士比亚在《奥赛罗》中描写的。

这样来翻译。这不仅仅是一个翻译的问题，准确理解 *phthonos* 的含义让我们进入另一种文化，在其中促成行动的动机与我们的文化迥然相异，它的社会组织、政治语境以及价值体系也截然不同。这种不同，可以促使我们衡量自身的独特性，也可以帮助我们理解，在何种意义上，我们身处其中的文化是一段历史的结果，这段历史原本可能随着时间变迁走向另一个方向。

一、嫉羡的定义

phthonos 描述的心灵状态或灵魂性情，① 得到了许多希腊哲学家的关注，尤其是柏拉图、亚里士多德和斯多亚学派。②

在柏拉图那里，③ 嫉羡是一种痛苦与快乐交融的心灵状态。

---

① 我将 hexis（《斐莱布》40d5, 48c2）译作"状态"（state），将 *diathesis*（《斐莱布》48a8）译作"性情"（disposition）。和柏拉图一样（《斐莱布》11d4），我也没有像亚里士多德那样给这两个词严格的定义。

② 最近有一个关于这个问题的研究，列举了大多数相关的证言：Ernst Milobenski, *Der Neid in der griechischen Philosophie*, Wiesbaden: Otto Harrassowitz, 1964。这本书有八章，分别讨论了前苏格拉底哲学家、色诺芬笔下的苏格拉底、安提斯梯尼（Antisthenes）和阿里斯提普（Aristippus）、柏拉图、亚里士多德与漫步学派、伊壁鸠鲁与伊壁鸠鲁主义者、老斯多亚学派、犬儒－斯多亚学派的通俗哲学，以及普鲁塔克。这本书受到另一篇论文的启发：Edward B. Stevens, "Envy and Pity in Greek Philosophy," *American Journal of Philology*, vol. 69 (1948), pp. 171-179。在《伊利亚特》与《奥德赛》中，*phthonos* 一词似乎是缺席的，参见 John L. Myres, "Homeric Equivalent of *Phthonos*," *Classical Review*, vol. 51 (1937), pp. 163-164。

③ 下面的讨论参见 H. J. Mills, "*Phthonos* and its Related *Pathe* in Plato and Aristotle," *Phronesis*, vol. 30 (1985), pp. 1-12。

这就是为什么，在《斐莱布》这部通常被归为"伦理学"的对话中（副标题是"论快乐"），柏拉图第一次尝试定义"嫉羡"。①

在《斐莱布》中，柏拉图拒绝将快乐看作一种生成，或者一种纯粹的过程（53c-55c）。快乐是一种非常真实的感受（*pathos*，或"受动"），人们试图将它还原为痛苦的结束（44a-46b）。疾病之后恢复健康、口渴时饮水，都属于痛苦的结束："有些人认为一切快乐都不过是痛苦的结束，我并不同意他们。"（51a3-4）因为，即便先前没有遭受痛苦，人们仍然可以完美地体验快乐，比如听到一段美妙的音乐，发现一个美丽的身体、一段话语、一个思想。这就是为什么，哲学也可以被描述为对这种快乐的追求。

我们先不去考虑中间状态，也就是一种既没有快乐也没有痛苦的状态（35d8-36c2），这种状态的出现是由于缺乏感受，或是与感受疏离（后者常见于圣贤与诸神）。我们可以在《斐莱布》中找到在"纯粹的快乐"与"混杂的快乐"之间的区分（50e5-53c2），前者不涉及痛苦，而后者则与痛苦不可分离。纯粹的快乐是由声音、气味以及知识提供的。而混杂的快乐则有许多种，它可以只涉及身体（46b-47b），同时涉及身体与灵魂（33c-36b），或者只涉及灵魂（47c-50e）。

在那些只涉及灵魂的混杂快乐中，我们可以找到"嫉羡"

---

① 关于《斐莱布》，请参阅 S. Delcomminette, *Le Philèbe de Platon,* Leiden: Brill, 2006。

(*phthonos*),它与愤怒（*orgê*）[①]、恐惧（*phobos*）[②]、懊悔（*pothos*）[③]、悲痛（*thrênos*）[④]、爱欲（*erôs*）[⑤]以及羡慕（*zêlos*）并列。[⑥]在这些灵魂的性情或心智状态中，痛苦与快乐如影随形，共同构成了悲剧（48a5-6）与喜剧（48a8-10）的动机。

虽然前文曾简单讨论过愤怒，但是嫉羡是这个列表中唯一一种被详细阐述的情感。而且，这段分析聚焦于喜剧中所表现的乐与苦的混合，这让我们远离了嫉羡本身。下面我们仔细考察一下这段阐述。

嫉羡是灵魂中的一种痛苦（48b8-9），但是我们并不知道它属于哪一种痛苦，后文也没有再讨论这个话题。这种痛苦与快乐紧密相连，因为一个嫉羡的人会因为身边人的不幸而欢欣（48b11-12）。如果反过来想，我们还会认识到，嫉羡的人会因为身边人

[①] 参见《斐莱布》47e5-48a2引用的《伊利亚特》XVIII.107-111。

[②] 亚里士多德：《修辞学》II.5；《尼各马可伦理学》III.5a5.1382a21。

[③] 对过去的幸福充满痛苦的回忆。

[④] 即便是悲痛和哀悼中也不是全然没有一点快乐：人们因为逝者不复存在而感到悲痛，同时因为想起逝者生前的快乐，甚至通过想象逝者生前的模样以及所做之事，而感到一些快乐。因此，荷马说得没错："他就是这样说的，他的言词让所有人落泪和哀恸。"（《伊利亚特》XXIII.108；《奥德赛》IV.183；亚里士多德：《修辞学》I.11.1370 b25-30）

[⑤] 这是关于爱人们的：他们通过不断地谈论被爱者、画出被爱者的样子、为被爱者写下点什么来获得快乐，他们可以通过这些回忆的手段唤醒自己的记忆，近乎直接感受到爱。这是爱的起点：一个人不仅仅因为爱人在场而快乐，当其所爱不在场时，也能通过回忆感到快乐。如果有人因为他人的不在场而悲伤，那么此人就真的恋爱了（亚里士多德：《修辞学》I.2.1370b18-25）。

[⑥] 《斐莱布》47e1-3。

的快乐而沮丧。但不管是哪一个都少了一方面。如果一个人因为他人的幸福而沮丧,那么他能感受到怎样的快乐呢?同理,如果一个人正因他人的不幸而欢欣,他又会感受到什么痛苦呢?这样的话,就只能断定,嫉羡要么应被视作一种痛苦,要么被视作快乐,只不过它会随着情况的不同,尤其是随着对象的不同,而发生改变。对话中的论证发生了转向,处理起了喜剧的动机问题,这似乎印证了我们的结论。①

喜剧中典型的不幸是无知②和愚蠢(48c2),它们是产生滑稽效果的根源(48c5)。这种性情可能在三个方面与德尔斐的格言"认识你自己"背道而驰(48c6-d2):财富、身体的性质以及灵魂的性质(48d4-49a9)。喜剧主角可能会认为自己比实际上更富有、更英俊,甚至在德性上更优越。如果这种错误认识的不幸发生在弱者身上,就会显得滑稽;如果发生在强者身上,则会让人厌恶。假如遭受不幸的人比他弱小,嫉羡之人就会嘲笑他们;如果遭受不幸的人比他强大,嫉羡之人就会恐惧。当我们嘲笑朋友的愚蠢时,实际上就是在为不幸而感到欢欣(49d9-50a1)。但是,笑是一种快乐,而嫉羡则是一种痛苦(50a5-9,48b11-12)。苏格拉底承认自己的论证是片面的,因为这个对嫉羡的分析完全局限

---

① M.-A. Gavray, "Pourquoi rire?" *Plato's Philebus*, eds. J. M. Dillon and Luc Brisson, Sankt Augustin, Academia Verlag 2010, pp. 158-162. 关于悲剧动机的分析,参见《理想国》X.603e-605c。

② 我遵从最好的抄本,认为此处的文本应该是 *anoia*(无知)。

在喜剧的语境中，而且即便在这个语境中，他的论证也是有缺陷的。我们并不明白为何嫉羡是一种痛苦（50a5），以及为何与快乐相联系的是其中的笑，而非嫉羡本身（49e9-50a1）。

紧接着，苏格拉底就从喜剧剧场中的嫉羡（*paidikos phthonos*, 49a8），来到了日常生活的剧场。如果因为敌人的不幸而欢欣，这既不是不义，也不是嫉羡（49d4-5）。但是这种说法，似乎与苏格拉底在《理想国》第一卷中的立场相冲突，在那里他反对这样定义正义："如果我们要追随先前的答案，苏格拉底，就是把有益的给友人，把有害的给敌人。那么以善对待朋友，以恶对待敌人，就是西蒙尼德所说的正义吗？"（I.332d4-8）相反，为友人的不幸而感到欢欣就是不义（《斐莱布》49d6-7），而这就是嫉羡（50a2-3）。在《礼法》的第九卷中（863e7, 869e），我们又一次看到嫉羡与不义的这种联系；另外，在《理想国》第九卷中，那位达到不义顶点的僭主，也同时达到了嫉羡的顶点。所以很自然，嫉羡被当作人类灵魂中的僭主（《礼法》IX.863e-864a）。

不过我们只在《定义》（这部著作被冠以柏拉图之名，但实际上是伪作，因为其中杂糅着许多亚里士多德与斯多亚学派的要素）中看到了嫉羡的定义："嫉羡：因为朋友的好事而痛苦，无论是现在的还是过去的。"（416a13）这个定义虽然在《斐莱布》中还不够显白，但唯有它能够帮助我们理解 *phthonos* 这个词在柏拉图其他著作中的各种用法。

这个观点得到了亚里士多德的证实，他对嫉羡做出了一个心理学层面的分析，这个分析与柏拉图有相似之处，但是更为清晰，也更为简单，它始于一个伦理学观点，与亚里士多德的"中道"理论相合：

> 义愤（nemesis）是嫉羡（phthonos）与幸灾乐祸（epikhairekakia）之间的中道，这些状态都关乎我们因邻人的运气而感受到的痛苦与快乐；所谓义愤之人（nemesêtikos），就是因为不应得的好运而痛苦，嫉羡之人（phthoneros）则更甚前者，所有的好运都使他痛苦，而幸灾乐祸之人（epikhairekakos）则远远缺乏这种痛苦，他反而感到快乐。（亚里士多德：《尼各马可伦理学》II.7.1108a35-b6）①

亚里士多德显然在影射柏拉图在《斐莱布》中的说法；不过他做了进一步的区分，他将因他人的不幸而快乐称作"幸灾乐祸"，只将因他人的幸运而悲伤称作"嫉羡"。

在这个话题上，斯多亚学派持有相似的立场。芝诺（Zeno）这

---

① 另参见《欧德谟伦理学》II.1221a38-b1, III.1233b8-26。我们可以在《论题篇》中读到："如果嫉羡是由于那些行为端正之人显见的成功而引起的痛苦，那么显然，好人是不会嫉羡的。"（《论题篇》II.2.109b35）《修辞学》（II.9.1385b13-15）则从怜悯的角度来考虑嫉羡，将其视作看见他人的幸运时体验的痛苦感受。

样定义嫉羡：

> 痛苦（lupê）是一种非理性的收缩。它的类型包括怜悯、嫉羡（phthonos）、羡慕（zêlos）、敌对、沉重、恼怒、沮丧、苦恼、烦乱……嫉羡是一种因他人拥有、自己没有而起的痛苦。而羡慕（zêlos），则是虽然自己也拥有，但是仍因他人所有而起的痛苦。（第欧根尼·拉尔修：《名哲言行录》VII.111）

甚至有一种说法认为克里安特斯（Cleanthes）曾写了一本书，就叫《论嫉羡》(Peri phthonerias)。应当注意，犬儒学派（《名哲言行录》VI.5）、昔兰尼学派（《名哲言行录》II.91）以及伊壁鸠鲁学派（《名哲言行录》X.117 ff.）都有针对"嫉羡"的责难。

二、嫉羡的对象

在《斐德罗》中，斐德罗在对话伊始提到了吕希阿斯（Lysias）的一篇带有悖论性质的讲辞，苏格拉底为应对这篇讲辞发表了一段演讲，正是在苏格拉底这第一个演讲中，我们看到了一个此类对象的清单。这段演讲运用了许多富有修辞性的论证，其目的在于说服一个年轻人，让他去爱不爱他的人，而不是爱他的人，因为爱者对于被爱者来说是无法忍受的。但是，这些论证没有一个讨论性快感本身，这个问题始终处于背景之中，因为苏格拉底在演讲时所遵照的原则，很好地契合了嫉羡的这一定义，即因他人享受好事而感到痛苦：

> 受欲望统治、受快乐奴役的人，必然会尽可能将自己的伴侣变成最令自己快乐的样子。对一个病人来说，他会对一切不抗拒他的东西感到快乐；而对于那些与自己旗鼓相当的，或者比自己更强的，他就视之为敌人。这就是为什么，爱人往往无法忍受那些旗鼓相当的，或者比自己更强的伴侣，反而锲而不舍地将自己所爱变得更弱，使他们不如自己。（《斐德罗》238e2-239a1）

对于被爱者而言，处于这种心智状态的人宣称是他们的"爱者"，但实际上这些爱者对于自己的被爱者充满嫉羡（phthonerôs），并且给他们造成伤害（blaberôs），因为"爱者"希望被爱者低于和弱于自己。这会对被爱者造成哪些后果呢？

首先，苏格拉底解释了，这样一个"爱者"会如何妨碍所爱之人理性能力的发展（《斐德罗》239a-b）。然后，他转而谈到身体，他并未提及身体上促进或抑制性吸引力的特征，而是谈到在和平与战争时期都会展示出其优越性的身体强健（239c-d）。接着，他又提到社会关系或家庭关系，这些话题并不必然会被纳入到性竞争的语境（239d），最后，他在"财富"上结束了这一话题（239e-240a）。这段讲辞显然带有悖论色彩，爱者通过与被爱者的关系得到的快乐，不仅仅在性的方面，而是在根本上根植于被爱者所处的次于爱者的状态，在知识、身体的强健、社会与家庭关系以及财富方面均是如此，这些就是嫉羡涉及的方面（241c，243c）。

在《斐德罗》中，嫉羡并不表现为寻求性满足的情敌之间的关系，① 而是在诸多领域追求优越感。而在《会饮》中，嫉羡在性的层面上得到表现：

> 苏格拉底：阿伽通，我求你在这个人（阿尔西比亚德）面前保护我！你无法想象与他相爱的样子；从见面第一刻起，他就意识到了我对他的感受，他再不准许我同其他人说只言片语——我是说，对于有魅力的人，我甚至不能多看一眼，否则他立刻就妒火中烧（*zêlotupôn me kai phthonôn*）。他大吼大叫、恐吓我，几乎就要扇我耳光！求你了，试着制服他。或许，你能不能让他原谅我？要是你做不到，如果他变得狂暴，你能不能保护我？他汹涌的激情吓坏我了！（《会饮》213c6-d6）

---

① 参见伪柏拉图的作品《情敌》。

接下来的对话,也就是阿尔西比亚德对苏格拉底的赞美,会凸显出这一点,他为了苏格拉底而嫉妒阿伽通。

嫉羡之人会因为他人拥有清单上的好东西而沮丧,也会因为其他人失去这些而欢欣,在柏拉图的其他作品中,我们也能找到这个清单。

(一)财富

财产、财富都会引发嫉羡,但是在柏拉图那里 *phthonos* 从来没有出现在这样的语境中,除了《礼法》的一个段落:

> 一个既不存在财富,亦不存在贫穷的共同体通常会产生最好的品格,因为对于暴力、犯罪的倾向,以及羡慕与嫉羡(*zêloi kai phthonoi*)的情感,压根不会产生。(《礼法》III.679b7-c2)

这种消极的提法是对一种在城邦出现之前的人性状态而言的;事实上,涉及财富的嫉羡,似乎仅限于财富作为经济、社会及政治优越性的一种标识而言。

(二)荣誉

事实上,嫉羡最终是指荣誉(*timê*);在这个语境中,嫉羡可以被解释为灵魂受意气部分（spirited part）的主导，逃脱了理智的掌控：

> 那么意气部分（*to thumoeides*）呢？相同的事情不是会发生在满足它的人身上吗？他对荣誉的爱不是会使他充满嫉羡吗（*phthonoi dia philotimian*）？他对胜利的爱难道不会使他狂暴吗？如此一来，他难道不就要不经计算、毫无理智（*aneu logismou te kai nou*）地追求满足愤怒、荣誉和胜利的欲求吗？（《理想国》IX.586c7-d2）

对荣誉的追求本身并不是恶的，因为希腊社会的一切都建基在竞争（*agôn*）之上。唯有逃脱了理性的掌控它才变成恶的，也就是转变为嫉羡。但是荣誉是什么呢？正如埃米尔·本维尼斯特所说的，在最原初的意义上，荣誉是"根据某个人的尊严或地位，分享给他荣誉以及有利的物质条件"。[①] 这个定义预设了一种社会背景，在其中优越性与个体价值之间存在相互作用，个体的价值证成了对物质优越性的诉求，而物质上的优越性反过来又可以衡量个体的价值。简单地说，激起嫉羡的并不完全是优越性本身，而

[①] Émile Benveniste, *Le vocabulaire des institutions indo-européennes*, II. *Pouvoir, droit, religion*, Paris: Minuit, 1969, p. 51.

是作为个体价值之标识的优越性。

（三）知识与德性

不过，一旦竞争的对象变成知识与德性，嫉羡就不存在了，即便是不能分享也没关系（《礼法》V.730e-731b）。关于德性的竞争一定存在，但是这种竞争并不涉及嫉羡或中伤。在且仅在这种情况下，对好人的赞美不会引发嫉羡。此外，这也是为什么，雅典访客在《礼法》第七卷构想了一条法律，规定诗人应当去赞美那些配享赞美的公民：

> 下一条法律，应当在没有嫉羡（*aneu phthonôn*）的情况下接纳它：对于那些去世的公民，如果他们凭借身体之强健或人格之力量，获得瞩目而重要的成就，或者那些终其一生都遵守法律的公民，应该被当作我们颂词的适宜对象。（《礼法》VII.801e6-10）

这个段落并不好理解，它很可能暗示了审查官（Scrutineers, *euthunoi*）①的葬礼，他们是太阳与阿波罗神的祭司，并且监督所

---

① Luc Brisson, "Les funérailles des vérificateurs (*euthunoi*) dans les *Lois*. Une lecture commentée de *Lois* XIII 945c-948b," *Ktèma*, vol. 30 (2005), pp. 189-196.

有其他官员。

讨论了嫉妒的对象之后，一个结论逐渐浮现：所有这些好东西——财富、荣誉、知识以及德性，都不是因其自身而被追求的，而是因为它们标识了拥有之人的优越性。当我们讨论嫉妒之所在时，这一结论将带来重要的后果。

三、嫉妒之所在

对于嫉妒在哪里的问题，柏拉图给出了一个简单的答案：在灵魂之中。但是，在他看来，人类灵魂有三个不同的部分，它们分别指向不同的对象，拥有不同的功能。[①] 换个角度来看，这三个部分实际上可以合并为两个：追求知识的理性部分和非理性部分，后者又由两部分组成：一个是富于攻击性的部分，即追求荣誉的意气部分，另一个则是追求物质财富的欲望部分。

我们可以立刻排除理性的部分，因为它不可能感受到嫉妒。由于嫉妒会带来混合着痛苦的快乐，我们可能会想当然地将它放置在欲望的部分。但是，就财富与爱而言，嫉妒并不关乎性欢愉，而是关乎优越感。在知识与德性方面也是如此：只有当知

[①] 关于这个问题的当代论战，可参见 Rachel Barney, Ted Brennan and Charles Britain eds., *Plato and the Divided Self*, Cambridge: Cambridge University Press, 2012。

识与德性能够确认一个人的优越时，嫉羡之人才会关注它们。因此，嫉羡应当在意气的部分之中，正如上文所引的《理想国》的段落表明的那样（IX.586c7-d2）。

换言之，嫉羡可以被解释为，理性对意气部分疏于控制；因他人的幸福而沮丧，因朋友的不幸而欢欣，这两种状态分别对应着欲望部分经历的痛苦与快乐。因此，嫉羡应当被视作一种灵魂的不义，因为它摧毁了理智在灵魂中的主导权，而一旦僭主当权，共同的生活就是不可能的。这可以帮助我们回答下一个问题：谁会嫉羡？

四、谁会嫉羡？

嫉羡与不义之间的联系一旦确立，我们就可以看到，在城邦之中僭主的嫉羡最为明显，而哲学家的最不明显，那么哪些人容易嫉羡，哪些人不容易嫉羡呢？

（一）诸神

对柏拉图而言，诸神不可能嫉羡（《斐德罗》244a）。这是根据《理想国》III.379a-380c 的原则得出的结论：神是好的，因此不会做恶。由于嫉羡是一种不义和恶，因此任何神都不会嫉羡其他神，也不会嫉羡凡人。

但是在希腊传统中，诸神互相嫉羡，① 甚至还嫉羡人类，因为他们无法容忍人的美丽、幸福，或者他们的财富，这些可能威胁到神的优越地位，尽管人类并不像诸神，他们是有死的。许多伟大的悲剧作家都会提到嫉羡这个主题。② 不过，希罗多德（Herodotus）对这种情感的分析最为精微。在希罗多德看来，与一种正义的、复仇的神的概念同时存在的，还有另一种不那么高尚的神的概念：嫉羡的、不能容忍人类繁荣幸福的神。梭伦（Solon）曾对吕底亚最后的国王克罗伊索斯（Croesus）说道："克

---

① 没有神会因为觊觎其他神的优势而展示出敌意。这就是为什么，在《克里提亚》的开篇，柏拉图提到伟大的诸神对可感世界的分配——尤其是将雅典分配给雅典娜，他写道，这划分是在正义中进行的，而非在争吵中（《克里提亚》109b）。phthonos 一词没有出现在这个段落里，但是很显然，柏拉图在这里强调的正是诸神之间没有嫉羡。他在这里反对传统，因为在传统之中，有很多关于波塞冬与雅典娜因为雅典的归属问题而争执的说法。

② 埃斯库罗斯：《波斯人》（Persai）362；索福克勒斯：《菲罗克忒忒斯》（Philoctetes）776；欧里庇得斯：《阿尔刻斯缇丝》（Alcestis）1135；品达：《伊斯特墨颂歌》（Isthmian）7.39。凡人的城邦甫一建立，诸神便决定要选出一个或者几个冠上自己的名字。可总是发生两位神选中同一个城邦的情况，这就挑起了他们之间的冲突，于是他们就请其他神，甚至凡人，来进行裁决；雅典当时就经历了这种情况。波塞冬瞩意雅典，他让喷薄的海水冲进卫城，由此占据了雅典；根据泡萨尼阿斯（Pausanias）的记载，那股海水就是伊瑞克提翁神庙（Erechtheion）内的一口咸水井。不久后雅典娜登场了，她召唤了塞克洛普斯（Cecrops），雅典的第一位王，让他亲眼目睹自己的神奇举动。她栽下了一棵橄榄树，直到公元 2 世纪的潘多洛希恩（Pandorosion）还记录了此事。然后，女神便宣称自己对这块土地的所有权。这场争斗就这样开始了，一直吵到宙斯这位裁判面前，另一种传统说是塞克洛普斯与克拉诺斯（Cranaus）作为裁判，还有一种说法是由奥林匹亚诸神来裁决。无论如何，最终的裁决是雅典娜胜出，因为塞克洛普斯证明，她是第一个在卫城的岩石之间栽种橄榄树的。波塞冬大为光火，便用洪水吞没了艾留西斯（Eleusis）的平原。这就是柏拉图在《克里提亚》开篇反对的那个神话。

罗伊索斯，诸神充满了嫉羡（to theion pan eon pthoneron），他们乐于愚弄我们的命运……"（《历史》I.32）曾经接待过梭伦的埃及最后一位国王阿玛西斯（Amasis）在写给萨摩斯岛（Samos）的掌权者波吕克拉底（Polycrates）的信中说道："听闻友人与同盟正欣欣向荣，本是令人快乐的，但是你伟大的繁荣却不能令我欢欣，因为我知道诸神是嫉羡的（to theion esti phthoneron）。"（III.40）薛西斯（Xerxes）年长的叔叔、睿智的阿塔巴内斯（Artabanes）看到波斯的舰队覆盖了达达尼尔海峡，军队遍布阿卑多斯（Abydus）的海岸与平原，他开始悲叹人生的短暂，对薛西斯说：

> 灾祸降临我们，疾病缠扰侵袭我们，令短暂的生命显得冗长。所以，死亡，透过生命之悲惨，成为我们族类最为温柔的庇护；而神虽然给了我们在快乐时光享受的滋味，但是在他的这个礼物中就能看到他的嫉羡（ho de theos... phthoneros），就像在时间中每个人都能看到的那样。（VII.46）

如果必然转瞬即逝的人类繁盛能够稳定就好了。然而，克罗伊索斯失去了王位与财富；波吕克拉底落入了奥罗伊特斯（Oroites）总督的陷阱，晚节不保（III.122-126）；而薛西斯的大军也被希腊人击溃。对普通的希腊人来说，神的社会与人类社会一样被嫉羡困扰：诸神彼此嫉羡，也嫉羡人类。

柏拉图挑战了这种传统的意象。这样他就摧毁了传统神话，并打开了"神学"的大门，这是一种理性、系统、前后一致（也与伦理学保持一致）的对一切关乎神圣之事的研究。因为嫉羡是传统神话从中汲取养分的一个源头。

柏拉图的观点很好理解：诸神是好的，所以即便其优势为他者分享，甚至因为他者（他们或者与诸神平等或者低于诸神）而失去这些优势，神也不会因此而感到忧虑。我们也应该按照这种方式去理解蒂迈欧关于工匠神塑造可感世界的故事：

> 那么，这整个生成的宇宙的创造者为什么要创造它呢？让我们来说说原因：他是好的，因而不会因任何事情而嫉羡（*phthonos*）。由于他不会嫉羡，就希望所有事物都尽其所能地与他自己相似。（《蒂迈欧》29d7-e2）

简而言之，正是由于世界的创造者没有嫉羡，我们的世界才得以生成，它因此是所有可能世界中最好的，同时它也不会毁灭。这就是为什么，我们的世界虽然在本质上并非不可毁灭，但是它在事实上却不会毁灭（《蒂迈欧》41a-d）。同样，盖亚（大地）也毫不嫉羡地泽被万物（《美涅克塞努斯》238a）。在这一点上，柏拉图又一次彻底背离了传统。

（二）人类

《斐莱布》（47d-50e）中的长篇分析表明，嫉羡是人类灵魂进入身体后就有的特点。柏拉图援引了希罗多德的看法："从一开始，人类就自然充满嫉羡（phthonos de archêthen emphuetai anthrôpoi）"（III.80）；修昔底德（Thucydides）也持同样的看法（《伯罗奔尼撒战争》III.43.1）。但是，对柏拉图而言，有两种人可以免于嫉羡，一个高于而另一个低于通常的人类状况，他们分别是哲学家（他们接近诸神）和野蛮人（他们接近动物）。这两种人既不会嫉羡，也不会成为嫉羡的对象。① 此外，哲学家的理想就是与神相似（homoiôsis theôi，《蒂迈欧》89d-90d）。因此，哲学家既然希望与神相似，就应当和神一样免于嫉羡（《理想国》IV.500b-c）。

这一点对哲学家与弟子的关系有重要意义。和《斐德罗》中的"爱者"不同，哲学家如果为爱欲（Eros）带来的疯狂所倾倒，他们所寻求的并非肉体之美，而是那种不变之美。柏拉图在《斐德罗》与《会饮》中谈及爱欲时，② 完全是在男同性恋的语境下

---

① 普鲁塔克有一篇作品（兰普里亚斯［Lamprias］目录没有收录，但是它在普拉努底亚［Planudian］的著作集中编号为47）题为《论嫉羡与仇恨》（Peri phthonou kai misous，《道德论集》536e-538e）。在其中他解释了嫉羡在动物之间并不存在，人类也不会对它们产生这种情感。

② 在这里，我想到了卡拉莫的说法，参见 Claude Calame, L'Eros dans la Grèce antique, Paris: Belin, 1996，尤其是 pp. 201-217。

讨论的。① 这种被置于爱欲旗帜之下的同性恋关系是不对称的（发生在成年男子与还没有长全胡子的青年之间），本质上具有暂时性，从古希腊社会制度的角度来看，它在教育中占据特殊地位。在文艺学习或者体育运动中，年长的一方将知识与价值传递给年轻的情人，以便后者从孩子的身份过渡到成人。这种经过制度化赋予爱欲"新手指南"的功能，正是柏拉图想要处理与转化的对象，他不再将它与文艺和体育教育联系，而是与哲学沉思联系起来。然而，爱欲一方面保障了同性恋关系，通过这种关系，社会在文化与社会性上得以存续；另一方面它又通过婚姻保障了公民共同体在肉体上的存续。在我看来，正是爱欲的后一个作用解释了柏拉图为什么会谴责同性恋。

在《斐德罗》中，苏格拉底将哲学比作爱欲的疯狂，它渴求的对象不再是可感之美，而是理智之美，前者不过是后者的影像。苏格拉底描述的那种爱者与被爱者的关系，实际上应当是一位想要收徒的教师，与一个渴望知识之人之间的关系。

通过被爱者的可感之美，爱者可以感觉到他从前观看过的对象——美本身（《斐德罗》254b-255a）。他要吸引所爱之人，并非通过将后者转向他自己，而是要通过对话，将被爱者转向美本

---

① 关于这个问题，参见 Luc Brisson, "Agathon, Pausanias, and Diotima in Plato's *Symposium*: *Paiderastia* and *Philosophia*," in J. Lesher, D. Nails and F. Sheffield eds., *Plato's Symposium: Issues, Interpretation and Reception*, Washington D. C.: Center for Hellenic Studies, 2006, pp. 229-251。

身，在其灵魂转世为人之前，被爱者也曾经观看过这一对象。嫉羡在这种关系中毫无存身之地，因为爱者与被爱者共同进行同一个观看："面对那个男孩，他们没有任何嫉羡（*ou phthonôi*），没有任何缺乏慷慨的心胸狭窄（*oud' aneleutheroi dusmeneiai*），而是尽其所能，将他变得与他们自己、他们所忠心于的诸神相似。"（《斐德罗》253b7-c2）

到这里，我们有一个完整的循环：学生要模仿老师，老师要模仿诸神，而诸神没有嫉羡。柏拉图将爱欲之狂热，从可感世界转化到了理智世界，这样一来，他就借哲学摧毁了悲剧与喜剧：爱欲之狂热并非对可感之美的享受，而是对理智之美的沉思，前者不过是后者的影像（《理想国》IV.500b-c）。哲学家没有嫉羡，因此他们也不会在别人身上引发嫉羡（《理想国》IV.500a）。

在这个语境中，僭主作为哲学家的对立面，[①] 就成了嫉羡的化身：

> 我们可以将先前提到的那些全都归于这个人，他不可避免地是嫉羡的（*phthonerôi*）、不可信的（*apistôi*）、不义的（*adikôi*）、众叛亲离的（*aphilôi*），不虔诚的（*anosilôi*），他是所有邪恶（*pasês kakias*）的主人和孕育者，而他的统治使得这

---

① G. Heintzeler, *Das Bild des Tyrannen bei Platon*, 1927（图宾根大学博士论文）。

一切变本加厉。由于这些邪恶，他又变得极端不幸，也不断将周围的人变得和他一样不幸。(《理想国》X.580a1-7)

《理想国》的整个第八卷，都可以从嫉羡力量的提升这个角度来理解。① 这样我们才能理解，为什么不义至极的僭主会被认为是一个充满嫉羡的人、最不幸的人（《理想国》IX.579b-c, 586c）。另一方面，由嫉羡引起的不义，被认为是人灵魂中的僭主（《礼法》IX.863e）。

如果说通过践行哲学，人可以从"上方"逃离嫉羡；他也可以从"下方"逃离嫉羡。在大洪水发生之后出现的那种原始的人性就是一个例子（参见《礼法》III.679b-c）。简单地说，如果这些原始人不嫉羡，原因显然在于他们生活的社会尚存大片空白，尤其是在个人财产方面的空白；原始人与野兽相似，然而悖谬的是，他们可能比当下的人们更接近诸神。

五、嫉羡之恶

虽然嫉羡总是展现出同样的本质特性，但是由于对象不同，

---

① 关于《理想国》第八卷以及《礼法》第三、四卷的讨论，参见 H. Ryffel, *Metabole politeion*, Bern: Haupt, 1949。

它产生的效果也会因为嫉羡之人力量的强弱而大不相同。如果出现在一个弱小之人身上，嫉羡就是滑稽的：这就是喜剧利用的那种嫉羡（《斐莱布》49d-e）。如果出现在强大的人身上，嫉羡就是可憎的：这就是悲剧的驱动力（50a-b）。但是，无论悲剧还是喜剧，都不过是现实的影像：它们只是映射现实生活（50b）。而在现实生活中，嫉羡占据了十分重要的位置。显而易见，一旦嫉羡变得"可憎"，那么此时它最能引起混乱，无论它关乎什么（财富、荣誉或知识），都会带来灾难（偷盗、暴力、谋杀、内战、无知）。总之，嫉羡是坏的和不义行动的源头之一。①

（一）偷盗与暴力：财富

嫉羡的第一种形式解释了偷盗与暴力：

> 当有人因为偷盗与暴力伤害其他人，并且伤害很严重时，他对受害者的赔偿也应该很多，如果不严重，赔偿就相对较少。基本原则应当是，赔偿的总量与造成的伤害成比例，这样一来，损失就可以得到弥补。另外，每个罪犯还要接受额外

---

① 关于这个问题参见 John Cooper, "Plato's Theory of Human Motivations," *History of Philosophy Quarterly* vol. 1 (1984), pp. 3-21；Jean-François Pradeau, "L'âme et la moelle. Les conditions psychiques et physiologiques de l'anthropologie dans le *Timée* de Platon," *Archives de Philosophie*, vol. 61 (1998), pp. 489-518。

的、与其罪行相符的刑罚,以督促他改过自新。因此,如果有人受他人愚蠢的引导而做错事,因为年轻而受到教唆,或其他此类原因,那么他受的处罚应当轻一些;但是,如果他的罪行是由于自己的愚蠢,或者是因为无法控制自己对快乐和痛苦的感受,比如陷入懦弱与恐惧,或者某种深层的嫉羡、欲望、愤怒,那么他就应当受到更重的处罚。(《礼法》XII.933e6-934a6)

这种嫉羡同时也是公民同胞之间,尤其是邻居之间的许多争执的源头(《礼法》VIII.844c)。

(二)有预谋的激情谋杀:荣誉

据雅典访客的说法,荣誉方面的嫉羡解释了有预谋的激情谋杀:

> 其次,富有野心的灵魂状态(*philotimou psukhês hexis*)滋长嫉羡(*phthonos entiktousa*),它们是非常危险的伙伴,不仅仅对于那些切实感到嫉妒的人而言(*tôi kektêmenôi ton phthonon*),而且对于他最好的公民同胞们而言也潜在地有害。(《礼法》IX.870c)

"他最好的公民同胞"这种说法，使人不禁联想，雅典访客所指的不仅仅是个人的谋杀，可能还意指苏格拉底的死刑判决。

不过，对柏拉图而言，嫉羡的第三种形式才是最严重的，因为它以否定的方式与对人类最重要的东西（德性和智慧）相关。在《申辩》中，苏格拉底说，他的死刑判决是雅典人对他的嫉羡导致的（《申辩》18d，28a）。苏格拉底意图让雅典人意识到自己无知，而且在德性和智慧方面有所不足，这很快将他自己置于同胞们的敌意之中，最后他们将苏格拉底判处死刑，因为他们无法接受在德性与智慧方面存在比他们更优越的人。

《欧叙弗伦》中有一个段落（3c-d），很好地描述了这种情形。欧叙弗伦是一位占卜师，在公元前5世纪末的雅典，他似乎享有盛名（《克拉底鲁》391d）。他既有神凭附，也对宗教事务十分了解，他自称拥有关于神圣事务的知识，并且在每一个场合都自告奋勇地解读诸神的意志。他总是毫不推辞地为私人或公民大会预测未来，但是人们总是不相信他，也对他缺乏敬意。欧叙弗伦认为雅典人不信任他，是由于嫉羡；而在苏格拉底受到"不虔诚"的指控之后不久，欧叙弗伦也被安上了同样的罪名。

欧叙弗伦与苏格拉底的处境之间存在着一个显著的不同。欧叙弗伦希望向雅典人传递一种正面的知识，在他看来，他们因为嫉羡而拒绝这种知识。而苏格拉底则希望雅典人意识到他们一无所知，纵使他们总是声称自己知道很多。这种情形不免有些讽刺：雅典人无法容忍苏格拉底，因为他向他们揭示了，他们和他一样一无所知。这是多么奇怪的嫉羡：关于缺乏知识的知识！

（三）信息的截留

在诸德性之中，知识是第一位的。这就是为什么，在柏拉图的著作中，嫉羡总是要为信息（不管是真实的信息还是宣称的信息）的截留负责。掌握信息的人拒绝将信息传递出去，可能出于两种原因：第一，他担心这会将他的优势与他人共享，甚至担心别人会因此比他更智慧；[①] 第二，他害怕这会在对话者中引起嫉羡。在苏格拉底看来，正是这种恐惧，使得智者们总是将自己的技艺掩藏在各种遮蔽之下（《普罗塔戈拉》316d-e）。根据苏格拉底在《理想国》第五卷的说法，想要学习的人需要像这样来接近那些拥有知识的人：

> 那么，想想看我们会对他说什么。我们不会这样向他提问吗？首先，我们会告诉他，没有人会因为他所拥有的知识而嫉羡他（oudeis autôi phthonos）；此外，了解到他确实知道一些事情令我们欣喜。（《理想国》V.476e4-6）

---

① 《理想国》I.338a, VIII.528a；《申辩》33a；《美诺》71d；《高尔吉亚》489a；《普罗塔戈拉》320c；《伊翁》530d；《泰阿泰德》169c；《智者》217a-b；《拉克斯》200b；《斐多》61d；《蒂迈欧》23a；《礼法》I.641d。

在对话中双方都不应该表现出任何嫉羡：

> 高尔吉亚，我想你和我一样，都经历了许多的讨论，你应该发现它们都有这样的特点：对参与者来说，共同定义他们要讨论的东西，从而通过彼此学习也教会彼此之后，得出这场讨论的结论，这一点也不简单。反而，一旦他们争论某些观点，一方指出另一方不对或不够清晰，他们就会恼火，每一方都认为对方的说法是出于嫉羡。(《高尔吉亚》457c4-d4)

事实正是如此，在辩驳（elenchus）中尤其如此。① 谈话者必须接受，他的回答者或许会持批判的立场，但前者不应认为后者这么做是出于嫉羡（《礼法》I.635b, II.664a-b）。至于回应者，他也必须真诚地避免嫉妒谈话者（《第七封信》344b ff.）。

因此，嫉羡与教育是不相容的，嫉羡使得信息的传递变得不可能。这非常糟糕，因为嫉羡催生无知，而无知又是所有恶的根源。唯有共享知识才可能有效地对抗恶。具体而言，这种观点解释了柏拉图对话中频频出现的一个要求，这个要求来自苏格拉底，它要求拥有理智能力的人服务于他人，这样他人才能发现真

---

① 参见 G. Vlastos, "The Socratic Elenchus: Method is All," in Vlastos, *Socratic Studies*, ed. M. Burnyeat, Cambridge: Cambridge University Press, 1994。

理(《美诺》71d)。

六、结 论

柏拉图完全颠覆了古希腊的传统价值。① 在这个传统中，诸神的社会也不免遭受嫉羡之苦，与人类社会并无二致。作为一种自然的、内在的情感，嫉羡是喜剧或悲剧的动力，或者是荒诞的，或者是可憎的。正如悲喜剧映射出来的，在日常生活之中，嫉羡也是历史最阴暗面的动力：国家之间的战争、内战、谋杀、暴力、偷盗以及各种冲突。

柏拉图通过谴责嫉羡杀死了神话，他用神学取而代之，而后者应当被看作是关于神圣之物的理性话语。他用哲学取代了悲喜剧，尤其是悲剧，在哲学之中，知识取代了那种引发滑稽的无知，而爱欲也完全导向知识。他拒斥那种以嫉羡为原动力的历史，那种以诸神的嫉羡来作为人类悲剧命运缘由的历史，那种因人类之间的嫉羡而引发对外或对内战争、谋杀、各种争斗与偷盗的历史；柏拉图甚至诉诸宇宙的存在、它的善与美，来说明这一点。对柏拉图而言，拒斥嫉羡，表达了他想要在诸神（包括宇宙）

---

① Henri Joly, *Le renversement platonicien*, Paris: Vrin, 1974，这本书的中心观点就是如此。

与人（不管是个体还是群体）之间建立一种崭新关系的意图。在这个语境下，竞争（*agôn*）这个在古希腊文化中扮演着尤为重要角色的概念被抽离了，或许唯有在德性的领域中是个例外。①

---

① 关于耻感文明与罪感文明之区分，请参阅 E. R. Dodds, *The Greeks and Irrational*, Berkeley: University of California Press, 1951；另参见 R. Benedict, *The Chrysanthmum and the Sword: Patterns of Japanese Culture*, Cambridge: The Riverside Press, 1946。